Arbeitsbuch zu Deutsch – Immer Besser

A Four Skills Approach for Intermediate German

Heimy Taylor
Ohio State University

Werner Haas
Ohio State University

Elfe Vallaster-Dona
Wright State University

JOHN WILEY & SONS, INC.
New York · Chichester · Brisbane · Toronto

PHOTO CREDITS

Chapter 1

Page 9 (left): Thomas Raupach/Argus.
Page 9 (right): Robert de Gast/Rapho/Photo Researchers.
Page 10 (top left): Renate Hiller/Monkmeyer Press Photo.
Page 10 (top right): Ulrike Welsch/Photo Researchers.
Page 10 (bottom left): Beryl Goldberg.
Page 10 (bottom right): Owen Franken/German Information Center.
Page 14: Presse-und Informationsamt/German Information Center

Chapter 2

Page 25 (left): Owen Franken/German Information Center
Page 25 (right): Ulrike Welsch Photography.

CLIP ART CREDITS

Clip art images copyright © New Vision Technologies, Inc.

ACQUISITIONS EDITOR   Carlos Davis/Andrea Bryant
ASSOCIATE MARKETING MANAGER   Leslie Hines
MANUFACTURING MANAGER   Marsheela Evans

This book was set in *Baskerville Handcut* by **Ewing Systems** and printed and bound by **Bradford & Bigelow**. The cover was printed by **Bradford & Bigelow**.

ISBN 0-471-10528-7

Printed in the United States of America

10 9 8 7 6 5 4 3 2 1

$\mathcal{C}$ONTENTS

Vorwort

This *Arbeitsbuch* accompanies **Deutsch – Immer Besser**, a textbook for intermediate college German. Like the textbook, the *Arbeitsbuch* aims to facilitate genuine communication, using all four basic language skills. The varied activities offered in each chapter of the workbook are based on content, materials, and themes in each corresponding chapter of the textbook. The workbook reviews important structures practiced in the main text and recycles essential and useful vocabulary. As an integral part of the **Deutsch – Immer Besser** program, the *Arbeitsbuch* can and should be used both inside and outside the classroom.

ORGANIZATION OF THE *ARBEITSBUCH*

The *Arbeitsbuch* contains ten chapters, which correspond to the ten chapters in the main text. Each workbook chapter consists of five sections:

Leseverständnis

The *Leseverständnis* sections present additional authentic reading material related to the theme of the chapter. These readings are followed by activities that reinforce and test the student's ability to read and understand the written texts accurately.

Struktur- und Wortübungen

The *Struktur- und Wortübungen* sections, through a variety of exercises, reinforce points of grammar and recycle words and phrases relevant to the topic at hand.

Schriftliches

The *Schriftliches* sections consist of writing assignments such as paragraph writing, correspondence, compositions, etc. They encourage creative written expression in German. Instructors may wish to assign and collect these assignments as homework.

Hörverständnis

The *Hörverständnis* sections provide listening-comprehension exercises. Most of them are based on the readings and themes presented in the textbook. All *Hörverständnis* texts and activities are included in the tape program that accompanies **Deutsch – Immer Besser**. The chapter by chapter tape material is approximately three hours in total. There is also a separate pronunciation cassette, "The Sounds of German," which is divided into two parts of 32 segments. The first part (segments 1-18) consists of <u>consonant sounds</u>; the second part (segments 19-32) of <u>vowel sounds</u>.

Gesprächsideen

The *Gesprächsideen* sections, which wrap up each chapter, offer a variety of communicative activities such as partner exercises, discussions, expressing opinions, and oral presentations and provide the opportunity for oral/aural practice.

Anhang A: Antwortschlüssel

This key provides answers for the more structured activities in the *Arbeitsbuch*.

Anhang B: Important Addresses

Contains a list of resources, including addresses of embassies, cultural institutes, and educational institutions.

KAPITEL 1

Einführung: Wir lernen uns kennen

LESEVERSTÄNDNIS

A. Ein Bericht.[1] Hier sind einige Lesestrategien.

- Lesen Sie den Titel; hilft er Ihnen, den Text zu verstehen?
- Unterstreichen° Sie Wörter, die Sie wichtig finden.   underline
- Lesen Sie den Text noch einmal, und schlagen Sie erst jetzt unbekannte Wörter nach, die Sie wichtig finden.
- Achten Sie auf° Details.   Achten . . . pay attention to

PROFESSOREN WARNEN: ZU VIELE STUDENTEN

Von einer drohenden Katastrophe an den deutschen Hochschulen sprach der Präsident der deutschen Rektoren-Konferenz, Hans-Uwe Erichsen, am 5. November in Bonn. Der Grund dafür ist nach Erichsen die zu hohe Anzahl von Studenten.

In diesem Jahr sind an den deutschen Universitäten und Hochschulen fast 1,6 Millionen Studenten und Studentinnen immatrikuliert. Um die Professor/Student-Relation von 1977 (1 zu 11) wiederherzustellen, müßten 30,000 Planstellen für Wissenschaftler neu geschaffen werden, sagte Erichsen. Verschärfung der Zulassungsbeschränkungen (Numerus clausus).

Zur Zeit gibt es neun sogenannte harte Numerus clausus Fächer, darunter Medizin und Zahnmedizin. Für diese Fächer werden in einem zentralen

---

[1] Aus: *Deutschlandnachrichten*, 8. November 1991.

Auswahlsverfahren nur Studenten mit besonders guten Abschlußzeugnissen zugelassen. Die Plenarversammlung der Hochschulrektoren beschloß am 5. November in Bonn, in einer Reihe weiterer Fächer den Numerus clausus einzuführen, darunter Jura, Volkswirtschaft und Informatik.

B. *Welche Antwort stimmt?* Kreuzen (✓) Sie a, b oder c an.

1. What is the overall theme of the article?
   a. the function of the **Numerus clausus** at German universities
   b. higher admission standards at German universities
   c. what to do about the increasing number of students

2. What is the catastrophe to which Hans-Uwe Erickson refers?
   a. too many scientists
   b. too many students and not enough professors
   c. too many medical and law students

3. Why is there a need to create 30,000 new positions at German universities?
   a. to lower the professor/student ratio to 1-11
   b. to increase the professor/student ratio to 1-11
   c. to find more jobs for scientists

4. What does **Numerus clausus** mean?
   a. limiting the number of admissions of medical and law students
   b. limiting admissions to only the very best students in certain disciplines
   c. giving entrance examinations to students

5. What was the decision of the **Hochschulrektoren** at their meeting in Bonn?
   a. to eliminate the numerus clausus
   b. to discuss the matter further on November 5th
   c. to increase the number of subjects covered by the **Numerus clausus**

C. *Was hältst du davon?* Schreiben Sie nun einen Dialog: zwei Studenten treffen sich in der Mensa und besprechen den Platzmangel an der Uni.

ANDREA: Was hältst du davon, daß die Hörsäale so überfüllt sind?

MATTHIAS: Ach, das finde ich gar nicht so schlimm. Ich denke

_____

ANDREA: Ich seh' das anders. Wir Studenten haben auch Rechte.

MATTHIAS: So ist das eben, je mehr Studenten

_____

CHARLOTTE: Warum stört dich der Platzmangel nicht?

MATTHIAS: _____

STRUKTUR- UND WORTÜBUNGEN _____

For more intensive practice, see computer software.

A. *Welches Verb paßt?* **Haben, sein** oder **werden?**

1. Was _____ Jutta eines Tages werden?

2. Wer _____ meinen Autoschlüssel?

3. Nächstes Wochenende _____ wir in Frankfurt.

4. Manche Studenten _____ viel Zeit, aber wenig Geld.

5. Das _____ ich nicht gewußt.

6. Dieser Hörsaal _____ immer voller. Es gibt zu viele Studenten.

7. _____ du hungrig?

8. Robert _____ in Berlin viel Spaß haben.

B. *Wann? Wo? Was?* Bitte ergänzen Sie die fehlenden Fragewörter.

? | wie viele? wie? wie lange?
wann? wie? was? warum? | **?**

PETER: Kannst du nächsten Samstag auf meine Party kommen?

MARIA: _____ soll ich denn bei dir sein?

PETER: Um sieben Uhr.

MARIA: Und _____ dauert die Party?

PETER: Bis Mitternacht.

MARIA: Und _____ komme ich am schnellsten zu dir?

PETER: Mit der U-Bahn.

MARIA: _____ nicht mit dem Bus?

PETER: Der fährt nur jede Stunde.

MARIA: Ja, ich komme gern. _____ Freunde hast du

eingeladen?

C. Ein passendes Substantiv bitte. Achten Sie auf die richtigen Endungen.

> Mensch • Nachbar • Tourist • Glaube • Student • Herr

1. Kennst du dies____ _____? Er sieht dich an.

2. Das Auto mein____ _____ ist immer kaputt. Es

   steht vor der Garage.

3. Ich bin sicher, daß Berlin den _____ gefällt.

4. Ich habe den _____ an eine bessere Zukunft verloren.

5. Meine Damen und _____ !

6. Hast du den _____ die Mensa gezeigt?

D. Den richtigen Artikel bitte. Bilden Sie einen Satz mit dem Substantiv.

1. _____ Sozialismus

   _____

2. _____ Mannschaft

   _____

3. _____ Westen

   _____

4. _____ Trinken

   _____

5. _____ Mäuschen

   _____

6. _____ Ordnung

   _____

7. _____ Studium

   _____

8. _____ Tageszeitung

   _____

9. _____ Dirigent

_____

10. _____ Fakultät

_____

E. Was gehört zusammen? Bilden Sie Wörter.

		ARTIKEL:	NEUES WORT:
Butter-	-saft	_____	_____
Tomaten-	-salat	_____	_____
Kartoffel-	-brot	_____	_____
Sommer-	-bummel	_____	_____
Stadt-	-mantel	_____	_____
Mantel-	-bericht	_____	_____
Wetter-	-tasche	_____	_____

F. Pronomen statt Nomen. Beantworten Sie jede Frage, und ersetzen Sie das <u>unterstrichene</u> Nomen mit dem richtigen Personalpronomen.

BEISPIEL: Kennst du <u>Professor Meyer und seine Frau</u>?
Ja, ich kenne sie. _____

1. Bezahlen <u>deine Eltern</u> die Flugkarte?

   Ja, _____

2. Heiratet <u>Peter</u> diesen Sommer <u>seine Freundin</u>?

   Ja, _____

3. Kommt <u>der Campusbus</u> immer pünktlich?

   Ja, _____

4. Kennt ihr noch nicht alle <u>Professoren</u>?

   Nein, _____

5. Kauft <u>Ingrid</u> dieses Lehrbuch?

   Ja, _____

6. Kann <u>Birgit</u> <u>dein Auto</u> reparieren?

   Ja, _____

7. Gehört <u>der Fernseher</u> <u>Thomas</u>?

    Ja, _____

8. Bringst du uns <u>den Koffer</u>?

    Ja, _____

G. *Einen richtigen Satz bitte!* Bilden Sie einen vollständigen Satz. Achten Sie auf die richtige Verbform und Wortstellung.

    BEISPIEL: das Studium / viel Geld / kosten
             Das Studium kostet viel Geld. _____

1. Kaffee / helfen / mir / am Morgen / immer

    _____

2. warum / kommen / der Bus / heute / spät / ?

    _____

3. sich freuen / worauf / Studenten / des Semesters / am Ende / ?

    _____

4. wissen / was / du / über / das Seminar von Professor Müller / ?

    _____

5. müssen / lesen / wir / was / für / die Schlußprüfung / ?

    _____

6. wollen / am Wochenende / wandern / in den Bergen / wir

    _____

7. mitkommen / zur Party / du / heute abend / ?

    _____

H. *Hier stimmt etwas nicht.* Wie soll der Satz richtig heißen?

    BEISPIEL: Der Student prüft den Professor.
             Nein, der Professor prüft den Studenten. _____

1. Der Job findet die Studentin.

    _____

2. Der Junge gehört dem Koffer.

    _____

3. Der Parkplatz steht auf dem Auto.

    _____

4. Der Verkäufer fragt den Käufer nach dem Preis.

_____

5. Der Brief liest die Mutter.

_____

6. Der Patient hilft der Ärztin.

_____

7. Die Schecks sammeln die Banken.

_____

8. Die Suppe ißt das Mädchen.

_____

9. Der Student beißt den Hund.

_____

10. Der Fisch fängt den Fischer.

_____

I. ***Welches Wort paßt?*** Setzen Sie das richtige Wort ein, und achten Sie auf die richtigen Endungen.

> schreiben • Abschluß • treiben • stundenlang • ablegen •
> registrieren • belegen • durchfallen • machen • Abschied •
> entspannen • Beziehungen • erholen • unterhalten

1. Jutta studiert schon zwei Jahre englische Literatur. Sie _____ jedes Semester vier Kurse.

2. Sie muß natürlich viele Arbeiten _____ und auch Prüfungen _____

3. Bis jetzt ist sie noch nie bei einer Prüfung _____ .

4. Am Wochenende _____ sie gern mit ihren Freunden Sport.

5. Aber sie besucht alle drei Wochen ihre Eltern. Sie hat wirklich gute _____ zu ihnen.

6. Sie sagt nie gerne „Auf Wiedersehen". Der _____ ist immer schwer für sie.

7. Jutta glaubt auch, daß sie sich nur zu Hause richtig _____ kann.

8. Als sie vor einem Jahr sehr krank war, blieb sie drei Wochen zu Hause, denn sie mußte sich gut _____ .

9. Jetzt geht es ihr wieder gut, und sie arbeitet oft _____ in der Bibliothek.

10. Nach ihrem _____ möchte Jutta Lehrerin werden.

SCHRIFTLICHES

A. **Endlich ein Brief!** Schreiben Sie einen Brief an Ihre deutschen Freunde. Berichten Sie darüber, was Sie so alles auf dem amerikanischen Campus machen. Die folgenden Verben können Ihnen dabei helfen.

> wohnen • diskutieren • sich treffen •
> sich entspannen • sich unterhalten •
> Radio hören • sprechen • wissen • parken •
> schreiben • geben • Sport treiben

_____², den _____

Liebe Petra, lieber Heinz,

     endlich _____ ich Euch wieder. Ich

_____ jetzt mit meinem Bruder im Studentenheim. Meistens

_____ wir bis in die Nacht über Politik. Ihr müßt wissen, daß

sich mein Bruder am liebsten über Sport und Politik _____ .

     Wir _____ uns oft nachmittags mit Freunden in der

Bibliothek. Wenn wir uns _____ wollen, dann

_____ wir _____ .

_____ ihr schon, daß wir ein neues Auto haben? Wir haben

Glück, denn wir dürfen unser Auto direkt vor dem Haus

_____ .

   _____ doch bald zurück, damit wir erfahren, was es bei

Euch Neues _____ .

     Vielleicht können wir uns nächstes Wochenende am Telefon

_____ .

Herzliche Grüße
Euer / Eure _____

B. ***Wie sieht es an deutschen Universitäten aus?*** Sie sind auch Studentin/Student. Sie kennen das Universitätsleben. Was denken Sie, wenn Sie diese Bilder sehen? Wie reagieren Sie? Schreiben Sie ein oder zwei Sätze über jedes dieser Fotos.

BILD A   BILD B

² Write name of your town or city here.

BEISPIEL:

Bild A: Ja, in meiner Psychologievorlesung sitzen auch so viele Studenten.

           Ich finde oft keinen Platz.

Bild B: Jetzt hat sie gefunden, was sie sucht!

           _____

Bild C: Wie verwenden Sie den Computer?

           _____

Bild D: Welches Fach lehrt er wohl?

           _____

C. *Studenten untereinander* Was machen Studenten auf einer Party und in der Mensa? Schreiben Sie drei Sätze.

> Mittag essen • Bier trinken • lachen •
> diskutieren • froh sein • usw.

Auf einer Party   In der Mensa

BEISPIEL: Was machen diese Studenten auf dieser Party und in der Mensa?

Sie sitzen an einem großen Tisch und _____

_____

_____

_____

_____

_____

_____

ℋÖRVERSTÄNDNIS

A. *Auf dem Campus.* Sie hören zehn Aussagen. Wenn die Aussage, die Sie hören, **richtig** ist, schreiben Sie **R**. Wenn sie **falsch** ist, schreiben Sie **F**.

BEISPIEL: Sie hören: In der Turnhalle treibt man Sport.
Sie schreiben: *R*

1. ____ 2. ____ 3. ____ 4. ____ 5. ____ 6. ____ 7. ____ 8. ____ 9. ____ 10. ____

B. *Logisch oder unlogisch?* Sie hören jetzt Fragen und Antworten. Schreiben Sie, ob die Sätze **logisch** oder **unlogisch** sind. Schreiben Sie **L** für **logisch** und **U** für **unlogisch**.

BEISPIEL: Sie hören: Wie viele Semester studierst du schon?
Erst drei Stunden.
Sie schreiben: *U*

1. ____ 2. ____ 3. ____ 4. ____ 5. ____ 6. ____ 7. ____ 8. ____ 9. ____ 10. ____

C. *Fragen.* Beantworten Sie die folgenden Fragen auf deutsch. Schreiben Sie nur die Antworten. Sie dürfen unvollständige° Sätze schreiben.   incomplete

BEISPIEL: Sie hören: Seit wann sind Sie schon wieder auf dem Campus?
Sie schreiben: *Seit Samstag.* _____

1. _____

2. _____

3. _____

4. _____

5. _____

GESPRÄCHSIDEEN

A. *Viele Fragen.* Ihre Universität hat ein Studienprogramm in Hamburg. Ein junger deutscher Professor und seine Frau laden Sie zum Abendessen ein. Ihre Gastgeber stellen viele Fragen. Vielleicht fragt man Sie über:

> Studium in Amerika • Ihre Eltern und Familie •
> Freunde • Ihre Heimatstadt, Ihr Dorf • Freizeit •
> Hobbies • Sport • Ihre Vorlesungen in Hamburg •
> erste Eindrücke von Deutschland • usw.

Und Sie wollen etwas über diese Themen wissen:

> die Universität Hamburg • Probleme ausländischer
> Studenten • Studienkosten • das Wetter • Ausflüge
> in die Umgebung • Sport • Theater • Konzerte •
> Arbeitsmöglichkeiten für Studenten • usw.

Finden Sie zwei Partner, und sprechen Sie über diese Themen.

A = der Professor
B = die Frau des Professors
C = der amerikanische Student/die Studentin

BEISPIEL: STUDENT(IN) **A:** Aus welcher Stadt in Wisconsin kommen Sie denn?

> STUDENT(IN) **C:** Aus Milwaukee.
> STUDENT(IN) **B:** Gibt es da nicht viele Deutsche?
> STUDENT(IN) **C:** Ja, und meine Großeltern kommen auch aus Deutschland.
> usw.

STUDENT(IN) A: . . .

STUDENT(IN) B: . . .
STUDENT(IN) C: . . .
STUDENT(IN) B: . . .
usw.

B. *Das Studentenleben.* Sie sind Student/Studentin und stellen an andere Studenten Fragen über die Universität, das Campus und über Dinge, die mit dem Studentenleben zu tun haben. Ihre Partner antworten. Verwenden Sie viele der Präpositionalausdrücke.

in der Freizeit • im Labor • in der Buchhandlung •
in der Sprechstunde • in der Mensa • auf dem Campus •
auf dem Sportplatz • auf dem Parkplatz • während der
Ferien • den ganzen Tag • am Computer • vor der Prüfung •
nach der Prüfung • am Abend • zwischen den Vorlesungen

BEISPIEL: STUDENT(IN) A: Wo kann man hier ungestört studieren?

STUDENT(IN) B: Ich studiere meistens **in der Bibliothek**, aber manchmal **im Studentenheim**.

STUDENT(IN) A: . . .

STUDENT(IN) B: . . .
STUDENT(IN) C: . . .
STUDENT(IN) B: . . .
usw.

SO KANN MAN SICH AUCH VORSTELLEN!

C. *Kennen Sie Ihre Nachbarn/Bekannten/Freunde/Partner/„Singles"?* In den riesigen Wohnblocks der Großstädte lebt man oft anonym, und viele Menschen wissen nicht einmal, wer direkt neben ihnen wohnt. In kleineren Orten kennt man seine Nachbarn. Wie ist es bei Ihnen? Sprechen Sie mit einem Partner/einer Partnerin darüber.

SIE:	Wo lernen Sie Bekannte kennen? . . .

PARTNER(IN):	. . .

SIE:	Wo treffen Sie Ihre Freunde? . . .

PARTNER(IN):	. . .

SIE:	Was für Freunde wünschen Sie sich? . . . / im gleichen Alter / hübsch / intelligent / attraktiv / reich / langweilig / fleißig / jung / sportlich / unterhaltend / verständnisvoll / hilfsbereit / arrogant / erfolgreich /

PARTNER(IN):	. . . Und Sie?

SIE:	. . .

D. Was sagen Sie dazu? Besprechen Sie das Folgende:

Ist es Ihnen egal, . . .

> wie alt die Freunde sind?
> welche Hobbies sie haben?
> welchen Beruf sie haben?
> wo sie wohnen?
> wieviel Geld sie verdienen?
> wo sie arbeiten?
> was für ein Auto sie fahren?

BEISPIEL: SIE: Ist es Ihnen egal, wie alt Ihre Freunde sind?

PARTNER:	Nein, es ist mir nicht egal, ich suche immer gleichaltrige.

PARTNER(IN):   Ist es Ihnen egal, wo sie (Ihre Freunde) wohnen?

SIE:	Ja / Nein, . . .

usw.

K A P I T E L 2

*U*rteile und Vorurteile

*L*ESEVERSTÄNDNIS

A. *Vor dem Lesen.* Denken Sie darüber nach:

1. Gibt es Ausländer in Ihrer Nachbarschaft?

   _____

2. Aus welchen Ländern kommen die Ausländer?

   _____

3. Kennen Sie einige Ausländer in Ihrer Nachbarschaft? Warum (nicht)?

   _____

Lesen Sie nun den Artikel.[1]

SIEBEN MILLIONEN DEUTSCHE WAREN SELBST EINMAL *AUSLÄNDER*

Das Schicksal von Gastarbeitern, Einwanderern oder Flüchtlingen haben auch die über sieben Millionen Deutschen kennengelernt, die in den vergangenen 300 Jahren nach Amerika ausgewandert sind. Ihre Erfahrungen sollten wir nicht vergessen. Denn sie können uns helfen, Probleme zu begreifen, die Deutschland heute als tatsächliches, wenn auch in der Sprache der Juristen nicht so genanntes Einwanderungsland zu lösen hat. Manches, was heute als

[1] Aus: Willi Paul Adams, *Deutsche im Schmelztiegel der USA: Erfahrungen im größten Einwanderungsland der Europäer,* Herausgeber: Senat von Berlin, S. 4.

gefährliche Fehlentwicklung hingestellt wird – etwa das Zusammenrücken der zugewanderten Nicht-Deutschsprechenden in innerstädtischen Bezirken, ihre Vereine, Kirchen und Schulen und Zeitungen – ist in Wirklichkeit ein uraltes Verhaltensmuster, das z.B. auch deutsche Einwanderer in den USA praktiziert haben, ehe sie oder ihre Kinder und Enkel sich völlig „amerikanisierten".

B. *Über den Artikel.* Beantworten Sie die folgenden Fragen mit vollständigen Sätzen.

1. Wann sind die Deutschen in großen Zahlen nach Amerika ausgewandert?

_____

2. Warum sollten wir die Erfahrungen der deutschen Auswanderer in die USA nicht vergessen?

_____

_____

3. Was wird über Vereine, Kirchen, Schulen und Zeitungen berichtet?

_____

_____

4. Was war das dominierende Motiv für das Zusammenrücken von Deutschen und Nicht-Deutschen in Amerika?

_____

_____

_____

5. Was haben Gastarbeiter, Einwanderer und Flüchtlinge gemeinsam?

_____

_____

_____

C. *Nach dem Lesen:* Kreuzen Sie die passende Antwort an, oder schreiben Sie Ihre Antwort.

1. Was versteht man unter „Ausländerhaß"?
   a. Liebe für fremde Menschen jeder Art
   b. Feindlichkeit gegen unbekannte, fremde Personen
   c. Toleranz für fremde Menschen

2. Würden Sie gegen „Ausländerfeindlichkeit" in Ihrer Stadt demonstrieren?
   a. Ja

    b. Nein

    c. Nur wenn ich anonym bleiben könnte

3. Was könnten Sie selbst tun, um fremde Menschen in Ihrer Nachbarschaft besser kennenzulernen?

    a. _____

    b. _____

    c. _____

D. *Für Ihre eigene Information.* Sehen Sie sich die Statistik der deutschen Einwanderer in die USA seit 1820 an. Wann wanderten die meisten aus?

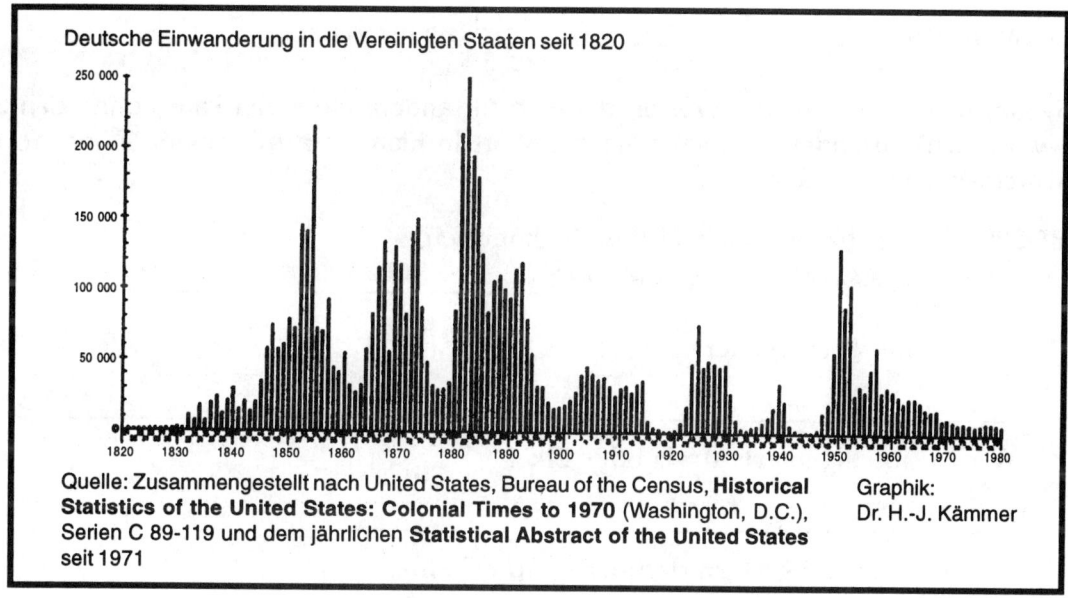

Deutsche Einwanderung in die Vereinigten Staaten seit 1820

Quelle: Zusammengestellt nach United States, Bureau of the Census, **Historical Statistics of the United States: Colonial Times to 1970** (Washington, D.C.), Serien C 89-119 und dem jährlichen **Statistical Abstract of the United States** seit 1971

Graphik: Dr. H.-J. Kämmer

*S*TRUKTUR- UND WORTÜBUNGEN

For more intensive practice, see computer software.

A. *Ergänzen Sie.* Ergänzen Sie die Sätze mit den folgenden Wörtern.

> Vorurteil • beweisen • Rasse •
> nachschlagen • Rassentrennung •
> verstehen • Leistung • wissen

1. Kennen Sie den Unterschied zwischen einem Klischee und einem

   _____ ?

2. _____ gibt es auch heute noch in einigen Ländern.

3. Ich weiß nicht, was mit diesem Wort gemeint ist, ich muß es im Wörterbuch

   _____ .

4. Er ist dagegen, daß man irgendeine _____ unterdrückt.

5. Wir können das einfach nicht _____ , daß es so etwas heute

   noch gibt.

6. Man kann nicht alle Theorien _____ .

7. Mein Vater _____ das ganz genau.

B. *Synonyme.* Synonyme sind Wörter, die man für andere einsetzen kann, ohne den Sinn (wesentlich) zu ändern. Ersetzen Sie das Wort in Klammern mit einem Synonym, und schreiben Sie den neuen Satz.

BEISPIEL: Inge hat immer viel Post (bekommen).
           Inge hat immer viel Post erhalten. _____

1. Das hat uns Peter nie (erzählt).

   _____

2. Wer ist (intelligenter), Maria oder Elke?

   _____

3. Mit wem hast du gestern darüber (gesprochen)?

   _____

4. „Apartheid", so (nannte man) die Trennung der Rassen in Südafrika.

   _____

5. Das (stimmt) doch (nicht).

   _____

6. Hier gibt es nichts (zu tun).

   _____

7. Was ist dort (passiert)?

   _____

8. Sie hat uns nichts über dieses Problem (gesagt).

   _____

C. *Welches Adjektiv paßt hier?* Wählen Sie ein passendes Adjektiv von dieser Liste, das die Person, die Situation, die Aussage usw. am besten beschreibt.

> langweilig • zufrieden • arrogant • intelligent •
> dumm • berühmt • anständig • satt • täglich •
> verantwortungslos • hilfsbereit • glücklich

BEISPIEL: In Professor Richters Vorlesung schlafen viele Studenten ein.
Die Vorlesung ist *langweilig*.

1. Ein Rassist wertet andere Rassen ab. Er ist _____ .

2. Er hat zwar viel Wein getrunken, aber er fährt doch mit seinem Auto nach Hause.

   Er ist _____ .

3. Hier gefällt es mir. Hier bin ich _____ .

4. Meine Mutter kann die meisten Fragen beantworten. Sie ist

   _____ .

5. Wer glaubt, daß er alles weiß, ist meistens _____ .

6. Menschen, die anderen helfen wollen, sind _____ .

7. Wenn man genug gegessen hat, dann fühlt man sich _____ .

8. So etwas passiert jeden Tag. Es geschieht _____ .

D. *Rassismus - hat es ihn immer gegeben?* Bilden Sie Sätze im Perfekt.

BEISPIEL: Wir besprechen heute dieses Thema.
Wir haben heute dieses Thema besprochen.

Wir lesen jetzt die Geschichte „Rassismus" in unserem Deutschkurs. Ich verstehe zwar nicht jedes Wort, aber ich denke über den Sinn der Geschichte nach. Setzt der Vater die anderen Rassen herab, urteilt er fair über sie? Beweist er seine Theorie? Gelingt ihm das? Erkennt er die Leistungen anderer Rassen an? Wieviel weiß er eigentlich über sie?

Ja, diese Geschichte beantwortet viele Fragen über den Rassismus. Ich wundere mich oft über die Intoleranz mancher Menschen. Gibt es sie überall? Wiederholt sich die Geschichte der Menschheit . . . ?

_____

_____

_____

_____

_____

_____

_____

_____

_____

_____

E. ***Was machen Studenten oft, was passiert uns fast täglich?*** Verwenden Sie diese Verben in Sätzen. Aufpassen - einige haben trennbare, andere untrennbare Präfixe. Zuerst im Präsens.

BEISPIEL: um 6 Uhr aufstehen
         Ich stehe täglich um 6 Uhr auf. _____

         Rechnungen bezahlen
         Bezahlst du die Rechnungen sofort? _____

1. meine Freundin anrufen

_____

2. Post erwarten

_____

3. sich auf Prüfungen vorbereiten

_____

4. den Professor nicht verstehen

_____

5. etwas einkaufen müssen

_____

6. einen Brief abschicken

_____

7. ein Formular ausfüllen

_____

8. einen Brief bekommen

_____

9. Freunde einladen

_____

10. Fragen beantworten

_____

11. sich erkälten

_____

So, erzählen Sie jetzt einem Partner, daß sie all das *gestern* getan oder erlebt haben. Verwenden Sie das Perfekt in Ihren Sätzen.

BEISPIEL: Ich bin gestern um 6 Uhr aufgestanden.
  Ich habe die Rechnungen gestern bezahlt. _____

1. _____

2. _____

3. _____

4. _____

5. _____

6. _____

7. _____

8. _____

9. _____

10. _____

11. _____

SCHRIFTLICHES _____

A. **Ich will, ich kann, ich muß, ich soll ... welch ein Unterschied!"** Sagen oder schreiben Sie ...

BEISPIEL: was Sie nicht machen sollen, aber gern machen wollen:
  Ich soll nicht so viel essen, aber ich will freitags immer meine Pizza haben.

1. was Sie nicht machen sollen, aber gern machen wollen:

   _____

2. was Ihr Freund/Ihre Freundin gut kann:

   _____

3. was Studenten oft tun müssen:

   _____

4. was jeder Mensch tun soll:

   _____

5. was Sie in den Ferien tun möchten:

   _____

B. *Welches Modalverb paßt?* Verwenden Sie ein passendes Modalverb in einem sinnvollen vollständigen Satz.

   BEISPIEL: Ein Kind bittet um Erlaubnis.
   _Mutti, darf ich nach dem Essen mit Erik spielen?_____

   1. Sie haben viel Talent – und sagen es. Ich kann ...

      _____

   2. Ihr Freund hat einen Wunsch. Er möchte ...

      _____

   3. Es ist meine Pflicht. Ich muß ...

      _____

   4. Meine Eltern haben Pläne für ihre Pensionszeit. Sie wollen ...

      _____

   5. Peter hat Hunde nicht gern. Er will ...

      _____

C. *Vorurteile – oder ... ?* Wie schreibt man das auf deutsch?

   1. Mom, Elke's Mom said that we have too many foreigners. (Perfekt)

      _____

   2. How can she say that? Her parents come from Italy. (Präsens)

      _____

3. Mom, she also claimed Dad doesn't like the Turks.

   _____

4. Why did she say that? (Perfekt)

   _____

5. Because he has never rented to a foreign family. (Perfekt)

   _____

6. And Elke's Mom? Isn't she biased against your Dad?

   _____

7. I don't get it (understand it).

   _____

8. When did you talk with her? (Perfekt)

   _____

9. Yesterday, when I played with Elke. (Perfekt)

   _____

10. Why don't you play with your other friends? (Präsens)

    _____

HÖRVERSTÄNDNIS

A. Richtig oder falsch? Hören Sie sich an, was eine Studentin über den Dialog „Rassismus" sagt. Sie hören den Text zweimal. Schreiben Sie danach, ob die sieben Sätze, die Sie hören, **richtig (R)** oder **falsch (F)** sind.

1. ____ 2. ____ 3. ____ 4. ____ 5. ____ 6. ____ 7. ____

B. Ein ausländischer Student. Hören Sie sich an, was ein ausländischer Student über seine Erfahrungen in Deutschland sagt. Sie hören alles zweimal. Beantworten Sie dann die Fragen auf englisch oder auf deutsch.

1. Where is the speaker from, and what does he do in Germany?

   _____

2. Where does he live at the present time?

   _____

3. What does he say about the availability of apartments and dorms?

   _____

4. How did he solve his own housing problem?

_____

5. Does he give any indication about discrimination?

_____

GESPRÄCHSIDEEN

A. Über Rassismus. Ein Bekannter / Eine Bekannte beginnt ein Gespräch über das kontroverse Thema „Rassismus." Wie könnten Sie Ihre Reaktion ausdrücken? Sprechen Sie mit einem Partner / einer Partnerin.

BEKANNTER: Ich bin ganz fest davon überzeugt, daß man alle Rassen trennen sollte.

SIE: Aber entschuldige, das sehe ich ganz anders ...

BEKANNTER: Einige Völker sind einfach anderen überlegen.

SIE: Nein, meiner Meinung nach ...

BEKANNTER: Ich würde nie an Türken vermieten.

SIE: Wie kannst du so etwas sagen. Ich sehe das so ...

B. Mehr Ausländer. Reagieren Sie auf die folgende Notiz (aus der *Nordamerikanischen Wochenpost*. Zum Beispiel: Was finden Sie interessant? Was hätten Sie nicht erwartet? Was überrascht Sie? Was war Ihnen bekannt/ unbekannt? Was haben Sie schon gewußt? Sprechen Sie mit einem Partner/einer Partnerin darüber.

Mehr Ausländer

Wiesbaden (epd) – Die Zahl der Ausländer in Deutschland ist 1993 um 382 000 (6 Prozent) auf 6,9 Millionen gestiegen. Dies teilte das Statistische Bundesamt in Wiesbaden mit. Ihr Anteil an der Gesamtbevölkerung liege damit bei rund acht Prozent. Mit 1,9 Millionen oder 28 Prozent stellen die Türken die größte Gruppe dar.

BEISPIEL: STUDENT(IN) A: Es überrascht mich, daß das Statistische Bundesamt in Wiesbaden ist.

STUDENT(IN) B: Mir war das bekannt.

Student(in) A: Ich finde interessant, daß . . .

Student(in) B: . . .

Student(in) A: Ich hätte nicht erwartet, daß . . .

Student(in) B: . . .

usw.

C. ***Bilder – und was sie uns sagen.*** Finden Sie Partner, und stellen Sie Fragen über diese Fotos. Ihr Partner/Ihre Partnerin antwortet.

BILD **A**

BILD **B**

1. . . .

2. . . .

3. . . .

4. . . .

usw.

KAPITEL 3

Die Österreicher und die Deutschen – heute Freundschaft – ja, Anschluß – nein

LESEVERSTÄNDNIS

A. ***Die Freiheitsstatue.*** Lesen Sie die Inschrift, die am Fuße der Statue of Liberty im Hafen von New York steht. Schlagen Sie unbekannte Wörter nach.

> *Bringe mir deine Müden, deine Armen,*
> *Deine zusammengekauerten Massen, die sich nach Freiheit sehnen,*
> *Den erbärmlichen Abfall deiner überfüllten Küsten,*
> *Schicke sie mir, die Obdachlosen, vom Sturm gepeitschten:*
> *Ich erhebe mein Licht neben der goldenen Pforte.*

1. Wer spricht hier zu wem?

   _____

2. Was wird hier über die Immigranten allgemein gesagt?

   _____

3. Warum werden die Immigranten so freundlich willkommen geheißen? Was denken Sie?

   _____

   _____

B. *Österreichische Auswanderung.* Lesen Sie den folgenden kurzen Abschnitt. Höhepunkt der österreichischen Auswanderung bis 1914.[1]

> In unseren Tagen – zu Ende des 20. Jahrhunderts – läßt sich kaum mehr nachempfinden, welche Faszination die Amerika-Sehnsucht gerade zu Notzeiten auf die Menschen in Europa ausgeübt hat. Noch viel weniger ist bekannt, daß in den Jahren vor dem Ersten Weltkrieg die Doppelmonarchie Österreich-Ungarn neben Rußland und Italien zu den wichtigsten Menschenexporteuren zählte. Dieser Beitrag soll anzeigen, wie sich die Auswanderung entwickelt und wie sich das europäische Auswanderungsfeld immer mehr von West- über Mittel- nach Ost- und Südosteuropa verlagert hat.
>
> **Nach Amerika!** hieß der Leitspruch in allen Sprachen des europäischen Kontinents. **Nach Amerika!** hieß auch das sechsbändige Werk des deutschen Autors Friedrich Gerstäcker, das 1855 in Leipzig erschienen ist und offenbar unter den Zeitgenossen viele interessierte Leser fand.

1. Aus welchen Ländern kamen die meisten Immigranten vor dem Ersten Weltkrieg?

2. Was ist mit „Amerika-Sehnsucht" gemeint?

3. Wohin zogen die meisten europäischen Auswanderer?

4. Wie hieß das Motto vieler Generationen?

STRUKTUR- UND WORTÜBUNGEN

For more intensive practice, see computer software.

A. *Possessivadjektive.* Setzen Sie das passende Possessivadjektiv ein.

BEISPIEL: Kaufst du den Wagen? (sein)
Kaufst du seinen Wagen?

1. Möchte er einen Volkswagen kaufen? (mein)

2. In der Wohnung ist alles viel zu klein. (sein)

---

[1] Zitiert nach Willi Paul Adams, *Schmelztiegel*, S. 16.

3. Die Ärztin wohnt in der Nachbarschaft. (unser)

_____

4. Hilf ihr mit den Problemen. (ihr)

_____

5. Sag mir bitte die Meinung. (dein)

_____

B. *Personalpronomen.* Welches Personalpronomen paßt?

BEISPIEL: Ich kenne _____ nicht. (er)
Ich kenne _*ihn*_ nicht.

1. Du hilfst _____ , und er hilft _____ . (er / ich)

2. Sie glaubt _____ alles. (sie, *pl.*)

3. Warum hast du _____ gestern eingeladen? (wir)

4. Bitte frage _____ nicht immer. (ich)

5. Du kennst Ute, und sie kennt _____ . (du)

6. Ihr besucht oft Inge, und sie besucht _____ . (ihr)

C. *Wie heißt das richtige Demonstrativpronomen.* Beantworten Sie die Fragen, und verwenden Sie ein Demonstrativpronomen.

BEISPIEL: Wie gefällt dir die neue Bibliothek?
Die gefällt mir echt gut. _____

1. Wie gefällt dir das Studium an dieser Universität?

_____

2. Und wie gefällt dir die Mensa?

_____

3. Verstehst du dich gut mit deinen Freunden?

Ja, mit_____

D. *Hinauf in die Berge: Aus dem Tagebuch eines Wanderers.* Schreiben Sie diesen Bericht im Imperfekt (*past tense*). Setzen Sie die <u>unterstrichenen</u> Verben ins Imperfekt.

Heute <u>ist</u> ein schöner Tag. Die Sonne <u>scheint</u>, und man <u>sieht</u> kaum eine Wolke am Himmel. Wer <u>will</u> da zu Haus bleiben! Wir <u>entscheiden</u> uns schnell für einen Ausflug in die Berge. Am Wochenende <u>fahren</u> wir oft dorthin. Und es <u>gibt</u> genug Züge und Busse, die uns dorthin <u>bringen</u>.

Freilich, wir <u>müssen</u> früh aufstehen und <u>packen</u> noch schnell unsere Rucksäcke. Mit dem Zug <u>geht's</u> bis Steinach, und von dort <u>nehmen</u> wir den Bus nach Donnersbach. Dann <u>beginnt</u> der lange Aufstieg. Der Weg <u>führt</u> steil zuerst durch den Wald und dann über Almen auf den Berg. Es <u>ist</u> eine anstrengende, aber wunderschöne Wanderung. Da <u>kommt</u> man auch ins Schwitzen, und man <u>wird</u> müde. Aber wir <u>geben</u> nicht <u>auf</u>. Zweimal <u>machen</u> wir Rast und <u>trinken</u> Limonade. Auf einer solchen Wanderung <u>sitzt</u> man von Zeit zu Zeit ganz gern ein paar Minuten und <u>ruht</u> sich ein bißchen <u>aus</u>.

Vier Stunden später <u>stehen</u> wir dann auf dem Gipfel. Von dort <u>sieht</u> man an diesem klaren Tag viele Täler. Da <u>vergißt</u> man dann alle Anstrengungen und Müdigkeit. Der Rundblick <u>lohnt</u> sich wirklich.

Wir <u>bleiben</u> noch eine halbe Stunde auf dem Gipfel. Dann <u>beginnt</u> der Abstieg. Der <u>ist</u> viel leichter und <u>dauert</u> nur etwa zwei Stunden. In Donnersbach <u>wartet</u> schon der Bus und wir <u>können</u> sofort einsteigen. Ich <u>bin</u> so müde, daß ich fast <u>einschlafe</u>. Um 8 Uhr abends <u>kommen</u> wir zu Hause <u>an</u>. Wir <u>essen</u> noch eine Kleinigkeit und <u>sprechen</u> noch über den schönen Tag. Und wir <u>denken</u> bereits an den nächsten Ausflug in die Berge!

_____

_____

_____

_____

_____

_____

_____

_____

_____

_____

_____

_____

_____

_____

_____

E. **Bitte nicht verwechseln.** Setzen Sie das passende Verb im Imperfekt ein: **kennen** oder **können**, **denken** oder **danken**, **werden** oder **bekommen**.

1. Ich _____ nie daran, ins Ausland zu emigrieren.

2. Erika _____ Gregor für die Blumen.

3. Was _____ du zum 18. Geburtstag?

4. Mein Bruder wollte immer, daß ich Ärztin _____ .

5. Ich _____ ihm für seinen guten Rat.

6. _____ du gut Französisch?

7. Wie gut _____ du Wien?

F. **Und jetzt mit einem Satz.** Verbinden Sie die zwei Sätze mit einer passenden koordinierenden Konjunktion.

BEISPIEL: Wir können ins Kino gehen. Wir leihen uns ein Video aus.
Wir können ins Kino gehen oder uns ein Video ausleihen. _____

> denn • sondern • aber • und • oder

1. Klaus hatte Heimweh. Er wollte wieder in München leben.

   _____

2. Der Staatsbürger hat Pflichten. Er hat auch viele Rechte.

   _____

3. Maria lernt Deutsch. Sie möchte in Salzburg Musik studieren.

   _____

4. Ich lerne fleißig Englisch. Ich bewerbe mich um ein Stipendium in Amerika.

   _____

5. Wir lebten nicht in Deutschland. Wir lebten in der Schweiz.

   _____

6. Möchten Sie eine Tasse Kaffee? Möchten Sie ein Glas Bier?

   _____

G. **Bekannte Wortverbindungen.** Wie heißt der zweite Teil der folgenden Wortverbindungen? Wählen Sie von der Liste. Stellen Sie mit jedem Beispiel eine Frage.

BEISPIEL: die West_____
die Westmächte
Wie lange blieben die Westmächte in Berlin? _____

Bürger • Krieg • Eiserne • Mauer • Vertrag • Vereinigung

1. der Kalte _____

   _____

2. der _____ Vorhang

   _____

3. die Berliner _____

   _____

4. die Wieder_____

   _____

5. der Österreichische Staats_____

   _____

6. der Welt_____

   _____

♪CHRIFTLICHES

A. *Auswanderinnen – Vorsicht!* Lesen Sie das folgende alte Plakat.[2] Es war eine Warnung an junge Frauen, die auswandern wollten.

Dringende Warnung an auswandernde Mädchen.

Nimm im Auslande keine Stelle an ohne vorherige sichere Erkundigung!
Wende dich in Not und Gefahr an das Nachweisungsbureau für Auswanderer am Bahnhof oder an die Bahnhofsmissionarin (Georgstr. 22) oder auch an den Wirt!

Deutsches Nationalkomitee
zur Internationalen Bekämpfung des Mädchenhandels (Bureau: Berlin W., Lützoplatz 14)

² Aus: *Bildarchiv - Preussischer Kulturbesitz.*

LESEHILFE:

ohne vorherige Erkundigungen	*without first obtaining information*
in Not	*in need*
das Nachweisungsbüro	*the registration office for immigrants*
die Bahnhofsmissionarin	*the railway station missionary*
der Wirt	*the innkeeper*

Beantworten Sie die folgenden Fragen schriftlich. Wie denken Sie über das Plakat?

1. Warum weint die junge Frau?

_____

_____

_____

2. Wohin wird sie reisen wollen? Ist es eine Ferienreise? Warum (nicht)?

_____

_____

_____

3. Wird die Reise lange dauern? Warum (nicht)?

_____

_____

_____

4. Wo können Sie heute so ein Plakat finden?

_____

_____

_____

B. **_Ein Brief aus dem Ausland._** Schreiben Sie einen Brief nach Hause. Sie leben schon einige Jahre im Ausland und müssen schwer arbeiten. Millionär/Millionärin sind Sie immer noch nicht!

WORTHILFE

das Heimweh • der Einwanderer • die Gelegenheit

die Pflicht • die Staatsbürgerschaft • auswandern

die Vergangenheit • sich bewerben um • deutschsprachig

Arbeit suchen • Geld verdienen • Freunde finden

für ein Haus sparen • usw.

_____ , _den 7. Januar 19___

Liebe Eltern,

endlich finde ich Zeit, _____

_____

_____

_____

_____

_____

_____

_____

_____

_____

_____

_____

Viele Grüße

Euer/Eure _____

*H*ÖRVERSTÄNDNIS _____

A. *Logisch oder unlogisch?* Schreiben Sie **(L)** wenn der Satz, den Sie hören, **logisch** ist. Schreiben Sie **(U)**, wenn der Satz **unlogisch** ist.

BEISPIEL: Sie hören: Viele Menschen verlassen aus politischen Gründen ihre Heimat.

Sie schreiben: _L_

1. ____ 2. ____ 3. ____ 4. ____ 5. ____ 6. ____ 7. ____ 8. ____ 9. ____ 10. ____

B. *Ein Interview im Radio.* Sie hören ein Interview mit zwei amerikanischen Studenten, die nächstes Jahr in Österreich studieren wollen. Cindy Cooper wird in Wien und Emily Wallace in Graz studieren. Danach hören Sie fünf Fragen. Beantworten Sie die Fragen auf deutsch. Sie brauchen nicht in ganzen Sätzen zu antworten. Sie hören das Interview und die Fragen <u>zweimal</u>.

1. _____

2. _____

3. a. _____

    b. _____

    c. _____

4. _____

5. _____

GESPRÄCHSIDEEN

A. Ein Kulturquiz. Sie sprechen mit Partnern über deutschsprachige Länder. Sie stellen abwechselnd Fragen. Erklären Sie auch, was nicht stimmt und warum.

BEISPIEL: STUDENT(IN) A: Was sind die Farben der Bundesrepublik Deutschland?
    a. schwarz-rot-gold
    b. rot mit einem weißen Kreuz
    c. rot-weiß-rot

> STUDENT(IN) B: Antwort a stimmt. Schwarz-rot-gold sind die Farben der Bundesrepublik Deutschland.
>
> STUDENT(IN) C: Rot mit einem weißen Kreuz ist die Fahne der Schweiz.
>
> STUDENT(IN) D: Rot-weiß-rot ist die Fahne Österreichs.

1. Welches Land ist kein deutschsprachiges Land? Was spricht man dort?

> a. Deutschland b. Österreich c. Liechtenstein d. Schweden

2. Wie heißen die Hauptstädte Deutschlands, Österreichs und der Schweiz?

> a. Vaduz b. Wien c. Bern d. Berlin

3. Wie viele Einwohner hat:

> a. Deutschland (7 Millionen) b. Österreich (5 Millionen)
> c. Die Schweiz (80 Millionen)

4. Wann wurde die „Berliner Mauer" geöffnet?

> a. Am 3. Oktober 1990   b. Am 9. November 1989
> c. Am 1. März 1988

5. Wofür ist München, die Hauptstadt von Bayern, bekannt?

> a. für den „Walzerkönig" Johann Strauß
> b. für seinen großen Hafen
> c. für seine Mauer
> d. für die Pinakothek, den Englischen Garten und BMW

6. Was war die DDR?

> a. das Heilige Römische Reich
> b. ein kommunistischer Staat, 1949 gegründet
> c. die Österreichisch-Ungarische Monarchie

7. Was schrieben die Brüder Grimm?

> a. den österreichischen Staatsvertrag   b. viele Märchen
> c. die deutsche Verfassung   d. „Mein Kampf"

8. In welchen Ländern verwendet man diese Währungen?

> a. den Schilling   b. die Mark   c. den Franken   d. den Gulden

9. Erkennen Sie diese Länder? Welches ist Deutschland?

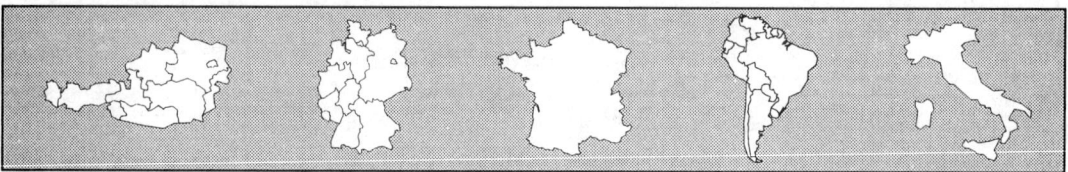

B. *„Wie ist es dort? Wie ist es bei uns"?* Stimmt das oder nicht? Sie sprechen mit Partnern über kulturelle Unterschiede zwischen den deutschsprachigen Ländern und den USA. Student(in) A liest vor, Studenten/Studentinnen B und C reagieren darauf. Sie sagen, was in den deutschsprachigen Ländern und in Amerika gleich oder anders ist.

BEISPIEL: STUDENT(IN) A: In vielen Schulen Deutschlands gibt es auch am
                                Samstag Unterricht. Stimmt das?

> STUDENT(IN) B: Ja, das stimmt.
> STUDENT(IN) C: Bei uns in Amerika haben die Kinder keine
>   Schule am Samstag.

1. STUDENT(IN) A: In Deutschland kommen die meisten Schüler zwischen 12
                      Uhr und 13.30 Uhr nach Hause. Sie essen dann zu Hause.

> STUDENT(IN) B:
> STUDENT(IN) C:

2. STUDENT(IN) A: In den meisten deutschen Restaurants kann man sich selbst einen freien Tisch suchen. Man braucht nicht auf den Kellner oder die Kellnerin zu warten.

> STUDENT(IN) B:
> STUDENT(IN) C:

3. STUDENT(IN) A: „Fußball" und „*Football*" sind sehr ähnliche Spiele. Wo spielt man sie?

> STUDENT(IN) B:
> STUDENT(IN) C:

4. STUDENT(IN) A: Deutsche, österreichische und Schweizer Studenten bekommen an ihren Universitäten mehr Beratung als die Studenten in Amerika.

> STUDENT(IN) B:
> STUDENT(IN) C:

5. STUDENT(IN) A: In Deutschland gibt es auch „Halloween".

> STUDENT(IN) B:
> STUDENT(IN) C:

6. STUDENT(IN) A: Wer das „Abitur" oder die „Matura" absolviert, darf jede deutsche, österreichische oder Schweizer Hochschule besuchen.

> STUDENT(IN) B:
> STUDENT(IN) C:

7. STUDENT(IN) A: Wenn Amerikaner „*first floor*" sagen, dann bedeutet das im Deutschen „erster Stock".

> STUDENT(IN) B:
> STUDENT(IN) C:

8. STUDENT(IN) A: Alle Deutschen haben jedes Jahr mindestens 3-4 Wochen Urlaub.

> STUDENT(IN) B:
> STUDENT(IN) C:

9. STUDENT(IN) A: Österreichische Kinder bekommen ihre Weihnachtsgeschenke schon am Heiligen Abend.

10. STUDENT(IN) A: Das berühmte Weihnachtslied „Stille Nacht, heilige Nacht" kommt aus Pennsylvanien.

C. *Wie war es damals?* Sie interviewen ältere Österreicher, die den „Anschluß" von 1938 erlebt haben. Sie stellen Fragen über diesen Anschluß und seine Konsequenzen für Österreich und alle Österreicher. Sie wollen auch etwas über das heutige Österreich wissen.

Ihr Partner/Ihre Partnerin ist Österreicher/-in und beantwortet die Fragen.

Lesen Sie noch einmal das Essay „Freundschaft ja – Anschluß nein" (Kapitel 3, Seiten 69–72). Verwenden Sie möglichst viele dieser Ausdrücke und Themen.

BEISPIEL: STUDENT(IN) A: Herr Kurz, wie sind Sie 1938 Staatsbürger geworden?

HERR KURZ [STUDENT(IN) B]: Hitler hat uns über Nacht zu deutschen Staatsbürgern gemacht, wir hatten keine Wahl.

- Staatsbürger werden
- die Staatsbürgerschaft bekommen (verlieren)
- den Anschluß wünschen (verhindern / ablehnen)
- sich über den Anschluß freuen /gegen den Anschluß sein
- anschlußfreudig / anschlußfeindlich
- die „Mitläufer"
- die Unabhängigkeit verlieren (behalten / verteidigen)
- Hitlers Pläne
- der Anschlußversuch von 1921
- vor einem Dilemma stehen
- Interesse zeigen für
- einen Preis zahlen für
- sich distanzieren von
- das Wort „deutsch" vermeiden
- ein Verhältnis zueinander finden
- seine nationale Identität finden
- die unbewältigte Vergangenheit
- der Staatsvertrag von 1955
- Konsequenzen ziehen aus

KAPITEL 4

Reinhard Mey – Ein deutscher Liedermacher

LESEVERSTÄNDNIS

A. *Eine Satire.* Lesen Sie die erste und letzte Strophe dieses Auswandererlieds. Viele politische Verfolgte mußten in der Mitte des vorigen Jahrhunderts Deutschland verlassen. Der Text ist eine Satire auf das „Deutschlandlied", das von Heinrich Hoffmann von Fallersleben geschrieben wurde. Die Melodie wurde von Peter Rohland komponiert.[1]

DEUTSCHER NATIONALREICHTUM

VON PETER ROHLAND

Hallelujah, Hallelujah,
Wir wandern nach Amerika.
Was nehmen wir mit ins neue Vaterland,
wohl allerlei, wohl allerhand°.   **wohl allerlei ...** surely a lot of different things
Viele Bundestagsprotokolle,
manch' Budget und manche Steuerrolle,
eine ganze Ladung von Schablonen°   clichés
zu Regierungsproklamationen,
weil es in der neuen Welt
sonst dem Deutschen nicht gefällt,
weil es in der neuen Welt
sonst dem Deutschen nicht gefällt.

Hallelujah, Hallelujah,
Wir wandern nach Amerika.
Was nehmen wir mit ins neue Vaterland,

[1] Aus: Max Nyfeller, *Liedermacher in der Bundesrepublik Deutschland*, Internationes, M 97 BSA 15, S. 7–8.

wohl allerlei, wohl allerhand.
Steuer-, Zoll-, Tauf-, Trau- und Totenscheine,
Hess und Wanderbücher, groß und kleine,
viele hundert Zensurinstruktionen° censorship instruction
Polizeimandate 3 Millionen,
weil es in der neuen Welt
sonst dem Deutschen nicht gefällt,
Ja, weil es in der neuen Welt
sonst dem Deutschen nicht gefällt.

B. *Spaß oder Ernst?* Beantworten Sie jetzt die Fragen.

1. Was wird ins neue Land mitgenommen? Machen Sie eine Liste.

   _____

   _____

2. Warum werden „Regierungsproklamationen" mitgenommen?

   _____

3. Welche Zeilen deuten an, daß sie satirisch gemeint sind?

   _____

4. Wann gefällt es dem Deutschen im Ausland?

   _____

5. Ist das Lied ernst gemeint? Warum (nicht)?

   _____

C. *Was sagt das Gedicht aus?* Kreuzen Sie das Richtige an.

_____ a. Die Deutschen fühlen sich im Ausland nur mit ihren persönlichen
         Dokumenten wohl.

_____ b. Der „deutsche Nationalreichtum" besteht aus Verordnungen,
         Polizeimandaten und Zensurvorschriften.

_____ c. Die Liste, was Deutsche im Ausland zu ihrem Glück brauchen, ist nicht
         ernst zu nehmen. Sie ist satirisch gemeint.

_____ d. Die Mitnahme von Wanderbüchern ins neue Vaterland ist wichtig.

C. *Und Sie?* Schreiben Sie auf, was Sie alles mitnehmen würden, wenn Sie auswandern müßten.
Was machte Sie im neuen Land glücklich?

   _____

   _____

   _____

D. *Ich wollte wie Orpheus singen.* Und nun noch ein Lied von Reinhard Mey – Nur zum Lesen, Singen oder Spielen: „Ich wollte wie Orpheus singen".[2]

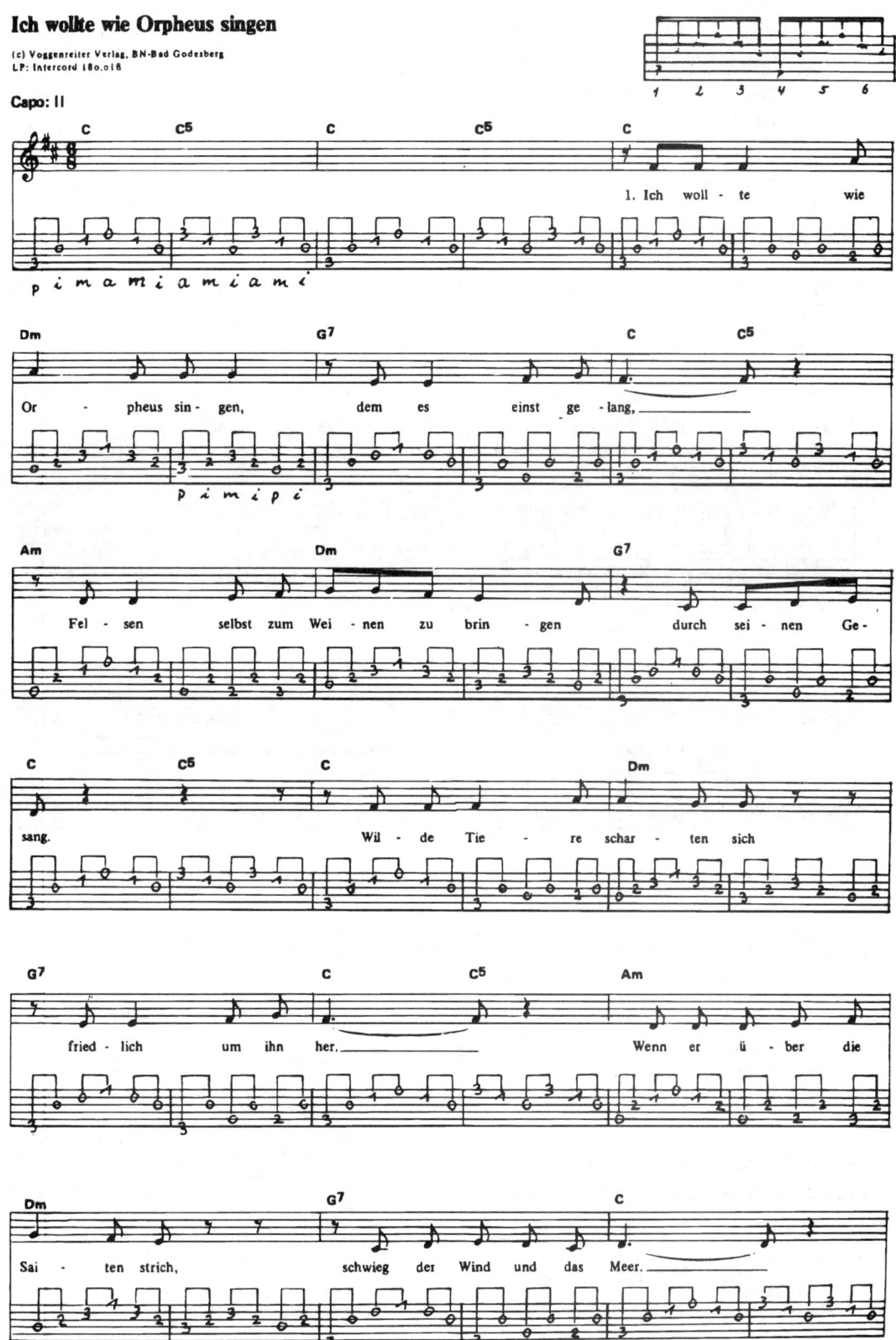

Ich wollte wie Orpheus singen

(c) Voggenreiter Verlag, BN-Bad Godesberg
LP: Intercord 180.018

Capo: II

---

[2] Aus: Reinhard Mey, *Alle Lieder von Anfang an bis heute*, Voggenreiter Verlag, Bonn-Bad Godesberg, S. 94–95.

Meine Lie-der die klin-gen nach Wein und mei-ne Stim-me nach

Rauch,_____ mag mein Na-me nicht Or - pheus sein, mein

Schluß:

Na-me, der tut's halt auch!_____ 6. Kein Fels ist zu

mir ge-kom-men, um mich zu hö-ren, kein Meer!_____

A - ber ich ha-be Dich ge-won-nen, und was will ich noch

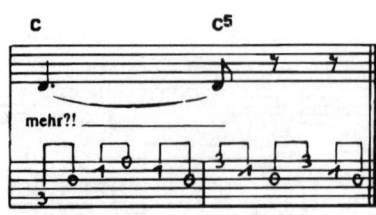

mehr?!_____

2. Meine Lyra trag' ich hin, / bring sie ins Pfandleihhaus. / Wenn ich wieder bei Kasse bin, / lös' ich sie wieder aus. / Meine Lieder sing' ich Dir, / von Liebe und Ewigkeit; / und zum Dank teilst Du mit mir / meine Mittelmäßigkeit. / Kein Fels ist zu mir gekommen, / mich zu hören, kein Meer! / Aber ich hab' Dich gewonnen, / und was will ich noch mehr?!

STRUKTUR- UND WORTÜBUNGEN

For more intensive practice, see computer software.

A. ***Vorschlag oder Befehl?*** Sag es ihr, sag es ihm. Du machst einem Freund/einer Freundin oder Freunden die folgenden Vorschläge in der du- oder ihr-Form.

BEISPIEL: dein Freund / zur Party / mitbringen
Bring(e) deinen Freund zur Party mit!

1. der Brief / bitte / ins Deutsche / übersetzen (*singular*)

   _____

2. das Lied / von Reinhard Mey / uns / vorsingen (*plural*)

   _____

3. der Kühlschrank / bitte / wieder / zumachen (*singular*)

   _____

4. so schnell / nicht immer / sprechen (*singular*)

   _____

5. auf der Party / nicht soviel / Alkohol / trinken (*plural*)

   _____

6. die neue CD / nicht die Platte / kaufen (*singular*)

   _____

7. deine Ferien / in Deutschland / genießen (*singular*)

   _____

Gib' nun deinem Hund diese Befehle (Lassie, Jello, Bessi, Schatzi sind Hundenamen):

8. Lassie / mit dem Bellen / sofort / aufhören

   _____

9. Jello / der Mann / in den Hintern / beißen

   _____

10. Bessi / der Knochen / holen

    _____

11. niemand / bei der Tür / hereinlassen / Lassie

    _____

12. Schatzi / auf das Bett / nicht immer / springen

    _____

B. *Wünsche für meinen Hund – und für mich.* Bilden Sie Wunschsätze im Präsens.

BEISPIEL: Mein Hund frißt so viel. (nur nicht)
Wenn mein Hund nur nicht so viel fräße!
(oder) Fräße mein Hund nur nicht so viel!

1. Ich habe keinen Hund. (nur einen)

   _____

2. Ich habe wenig Zeit für meinen Hund. (mehr)

   _____

3. Er beißt oft den Briefträger. (nicht so oft)

   _____

4. Bessi bellt so laut. (nur nicht)

   _____

5. Er schläft auf unserem Bett. (nur nicht)

   _____

6. Ich bin kein Hund. (nur mein)

   _____

C. *Zu spät!* Bilden Sie Wunschsätze in der Vergangenheitsform (past subjunctive). Setzen Sie nur den <u>unterstrichenen</u> Satz ins Perfekt.

BEISPIEL: <u>Du hast uns nicht gesagt</u>, wann du kommst. (nur)
Wenn du uns nur gesagt hättest, wann du kommst!

1. <u>Ich habe keine Zeit gehabt</u>, für diese Prüfung zu lernen. (nur mehr)

   _____

2. <u>Wir haben nicht gewußt</u>, daß ihr uns besuchen wollt. (nur)

   _____

3. <u>Er hat Inge nicht geholfen</u>, als sie Hilfe brauchte. (doch)

   _____

4. <u>Ihr habt uns nicht geschrieben</u>, was ihr in den Ferien macht. (nur)

   _____

5. <u>Sie sind zu ihm gegangen</u>, um ihn noch einmal zu sehen. (doch)

   _____

   _____

D. *Was ich alles könnte/ wüßte, wenn ich ... !!!* Vervollständigen Sie die folgenden Sätze.

1. Wenn ich reisen könnte, würde ich ...

_____

2. Wenn ich Einstein wäre, dann könnte ich ...

_____

3. Wenn ich Deutschprofessor/Deutschprofessorin wäre, ...

_____

4. Wenn ich in Deutschland lebte, ...

_____

5. Wenn ich meinen Lieblingsschauspieler treffen könnte, ...

_____

6. Wenn ich unsichtbar (*invisible*) wäre, ...

_____

7. Wenn ich nie krank wäre, ...

_____

8. Wenn ich wie Mozart komponieren könnte, ...

_____

9. Wenn ich mein Hund wäre, ...

_____

10. Wenn ich gut Klavier und Gitarre spielen könnte, dann ...

_____

E. *Was paßt zusammen?* Bilden Sie Sätze mit dem richtigen Reflexivpronomen.

BEISPIEL: Morgen stelle ich ...
Morgen stelle ich mich bei meinem neuen Boß vor.

1. Morgen stelle ich ...
2. Warum wundert ihr ...
3. Dieter bewirbt ...
4. Die Amerikaner stellen ...
5. Können Sie ...
6. Wir sollten ...
7. Glaub' mir, das wird ...
8. Kinder, ihr müßt ...

a. ein neues Auto leisten?
b. gegen diesen Vorschlag.
c. das nicht vorstellen?
d. im Urlaub gut entspannen.
e. über diese Frage?
f. jetzt fertig machen.
g. bei meinem neuen Boß vor.
h. daß Inge nicht angerufen hat.

9. Meine Eltern haben ...   i. nicht lohnen.

10. Karin hat ...   j. an dem Projekt beteiligen.

11. Kannst du ...   k. am Wochenende stark erkältet.

12. Ich möchte ...   l. um ein Stipendium.

_____

_____

_____

_____

_____

_____

_____

_____

_____

_____

F. *Wo-, da- und welch- Präposition?* Verwenden Sie **wo** + eine passende Präposition in der Frage und **da** + eine Präposition in der Antwort.

BEISPIEL: A: ___*Woran*___ denkst du oft?

B: An meinen letzten Job. Und du?

A: Ich denke auch oft ___*daran*___.

1. A: _____ habt ihr oft diskutiert?

   B: Über die Probleme in den großen Städten.

   A: Ja, _____ haben wir auch diskutiert.

2. C: Du kaufst dir ein neues Auto? Was für ein Auto soll es sein?

   D: _____ hast du dich entschieden?

   C: Für einen Mercedes.

   D: Ja, _____ könnte ich mich auch entscheiden.

3. E: Mit dem Bus oder Auto? _____ fahren Sie heute in die Stadt?

F: Mit dem Bus.

E: Gut, dann fahre ich heute auch _____ .

4. G: Ich freue mich auf das Semesterende? Und du?

   H: Auf die Ferien.

   G: Ja, _____ freue ich mich auch.

5. I: Ich bin gegen Rassenhaß und Ausländerhaß. _____ sind Sie?

   J: Ich bin gegen jeden Krieg.

   I: Ja, _____ sollte jeder sein.

SCHRIFTLICHES

A. Wir schreiben ein Gedicht! Lesen Sie das Gedicht „Hilfszeitwörter".*

HILFSZEITWÖRTER
VON GERHARD RADEMACHER

Ihr sollt,
ihr müßt,
ihr dürft

euch die Füße abputzen,	
nicht spucken°,	to spit
nicht töten,	
nicht ehebrechen°,	to commit adultery
nicht trennen.	
den Zebrastreifen° benutzen	crosswalks
den Schmutz abstreifen°,	**Schmutz ...** to wipe off dirt
den Hörer nehmen,	
die Auskunft anrufen.	

Nun schreiben Sie ein ähnliches Gedicht. Fragen Sie sich erst: Was durften Sie als Kind nicht machen? Vielleicht durften Sie nicht auf der Straße spielen, oder Sie mußten immer höflich sein. Ihr Gedicht kann so beginnen:

VERBOTE, VERBOTE!

Ich durfte nicht auf der Straße spielen.

Ich mußte _____

* Aus: Rudolf Otto Wiener, Bundesdeutsch – Lyrik zur Sache grammatik, Peter Hammer Verlag Wuppertal, 1974.

Ich _____

_____

_____

_____

_____

_____

_____

_____

_____

_____

_____

B. *Wenn ich ein/eine ... wäre?* Stellen Sie sich vor, Sie wären eine dieser Personen. Was würden Sie tun? Wie würden Sie leben? Was wären Ihre Ziele? Was wären Ihre Hoffnungen? Ihre Ängste? usw.

Präsident der USA/Präsidentin der USA

ein Milliardär/eine Milliardärin

ein Flüchtling aus Bosnien

ein illegaler Immigrant/eine illegale Immigrantin

ein Professor/eine Professorin

ein Richter/eine Richterin in einem Prominentenprozeß

Wählen Sie mindestens zwei dieser Personen, und schreiben Sie einen Aufsatz über diese „Personifikation".

BEISPIEL: Wenn ich ... wäre, würde ich ...

_____

_____

_____

_____

_____

_____

_____

_____

_____

_____

_____

_____

_____

_____

_____

_____

_____

C. ***Wenn ich nur ...*** Schreiben Sie neben jedes Bild einen Wunschsatz in der Vergangenheit (*present perfect tense*).

BEISPIEL:

Wenn ich nur nicht die letzten drei Stücke
Schokoladenkuchen gegessen hätte!

1. _____

_____

_____

2. _____

_____

_____

3.

_____

_____

_____

4.

_____

_____

_____

_____

B. An evening with Reinhard Mey.

Last year when I was in Germany I heard Reinhard Mey in a concert. I was looking forward to this concert because I have always been interested in **"Liedermacher."** These artists are very talented people: They compose, they sing, and they play the guitar.

The tickets were not cheap, but I would have paid almost any (**jeden**) price to hear this artist. The concert took place in the opera house. Therefore I dressed nicely. Most of the people sitting next to me came in jeans and sweaters (pullovers).

Everyone had a good time. I am looking forward to hearing him next year again. As I was listening to his songs, I said to myself: It's good that people laugh about themselves.

_____

_____

_____

_____

_____

_____

_____

_____

_____

_____

_____

_____

_____

_____

_____

*H*ÖRVERSTÄNDNIS

A. **Eine Fabel.** Sie hören eine Tierfabel, „Der Bauer und die Schlange", aus dem Volksbuch von Reineke, dem Fuchs. Hier sind einige unbekannte Wörter, die zum Textverständnis notwendig sind.

ZUM TEXTVERSTÄNDNIS

die Schlange, -n	*snake*
die Schlinge, -n	*sling*
das Gift, -e	*poison*
schwören	*to swear, take an oath*
verklagen	*to sue*
richten	*to judge*
der Dieb, -e	*thief*

B. **Fragen.** Nun hören Sie zehn Fragen. Für Fragen 1–9 kreuzen Sie die richtige Antwort an. Schreiben Sie eine Antwort zu Frage Nr. 10.

1. a. Er hatte Angst vor ihr.
    b. Sie versprach, ihm kein Leid zu tun.
    c. Er hatte Schlangen gern.

2. a. Sie ging nach Hause.
    b. Sie traf den Raben.
    c. Sie versuchte, ihn zu beißen.

3. a. Er wollte mit der Schlange nach Hause gehen.
    b. Er wollte andere um Rat fragen.
    c. Er wollte der Schlange anderes Essen geben.

4. a. Der Rabe, der Wolf und der Bär.
    b. Der Rabe, der Wolf und der Fuchs.
    c. Der Fuchs, der Rabe und der Bär.

5. a. Weil die Schlange es wollte.
    b. Weil der Bauer es vorschlug.
    c. Weil er nicht weit wohnte.

6. a. Er gab beiden recht.
   b. Er half dem Bauer.
   c. Er rief den Fuchs.

7. a. Er gab beiden recht.
   b. Er ließ die Schlange festbinden.
   c. Er sprach mit den anderen Tieren.

8. a. Weil der Fuchs sehr schlau ist.
   b. Weil der Fuchs sehr stark ist.
   c. Weil der Fuchs sehr schnell ist.

9. a. Er glaubte der Schlange wieder.
   b. Er ließ die Schlange hängen und ging.
   c. Er war der Freund des Königs.

10. Schreiben Sie Ihre Antwort auf deutsch oder englisch.

_____

_____

GESPRÄCHSIDEEN

A. **Was durften Sie nicht machen?** Arbeiten Sie mit einem Partner/einer Partnerin. Lesen Sie gemeinsam noch einmal das Gedicht „Hilfszeitwörter" auf Seite 47. Interviewen Sie Ihren Partner/Ihre Partnerin. Was durfte er/sie als Kind nicht machen? Was mußte oder sollte er/sie tun?

BEISPIEL: PARTNER(IN):   Was durftest du als Kind nicht machen?

SIE:	Ich durfte nicht auf der Straße spielen.

PARTNER(IN): . . .

SIE:	. . .

PARTNER(IN): . . .

SIE:	. . .

PARTNER(IN): . . .

SIE:	. . .

usw.

B. **Viele Regeln.** Besprechen Sie die Regeln, mit denen Sie zu Hause aufgewachsen sind. Was war bei ihnen erlaubt, nicht erlaubt? Wo wurde gegessen (in der Küche, im Wohnzimmer, im Eßzimmer?) Was war nicht erlaubt?

- Hände vor dem Essen waschen
- sofort kommen, wenn gerufen wird
- nicht essen, bevor alle am Tisch sind
- nicht sprechen, wenn Erwachsene sprechen
- nicht mit dem Stuhl schaukeln
- geduldig auf die Geschwister warten
- Fernseher abschalten
- fragen, ob man aufstehen darf

  usw.

STUDENT(IN) A: Bei uns zu Hause mußten wir immer vor dem Essen die Hände waschen.

STUDENT(IN) B: Bei uns war das anders. Wir haben eigentlich nie zusammen gegessen. Ich saß meistens vor dem Fernseher. Vati war noch bei der Arbeit . . .

STUDENT(IN) A: . . .

STUDENT(IN) B: . . .

STUDENT(IN) A: . . .

STUDENT(IN) B: . . .

STUDENT(IN) A: . . .

STUDENT(IN) B: . . .

C. **Phantasieren wir.** Fragen Sie einen anderen Studenten/eine andere Studentin. Verwenden Sie die du-Form.

> Zuerst würde ich, ...
>
> Und dann würde ich, ...
>
> Schließlich würde ich ...

1. STUDENT(IN) A: Was würdest du tun, wenn du jetzt nicht studieren müßtest?

   STUDENT(IN) B: . . .

2. STUDENT(IN) A: Was würdest du mit einer Million Mark machen?

   STUDENT(IN) B: . . .

3. STUDENT(IN) A: Was könntest du einer Person schenken, die schon alles hat?

   STUDENT(IN) B: . . .

4. STUDENT(IN) A: Fändest du Sport interessanter, wenn du selbst mitspielen könntest? Warum (nicht)?

STUDENT(IN) B: ...

5. STUDENT(IN) A: Wo würdest du am liebsten wohnen, wenn du Künstler/ Künstlerin wärest?

STUDENT(IN) B: ...

6. STUDENT(IN) A: Wenn Geld keine Rolle spielte, was würdest du alles tun?

STUDENT(IN) B: ...

KAPITEL 5

*T*rampen: Gefährlich und nicht immer billig

*L*ESEVERSTÄNDNIS

A. *Trampen.* Lesen Sie die zwei Abschnitte aus *Juma,* einer Jugendzeitschrift (4/94).

Trampen? Nein danke! „Billig mitfahren" heißt das Motto bei zwei Millionen jungen Leuten pro Jahr. Sechzig Mitfahrzentralen vermitteln Fahrer, die noch Platz im Auto haben. Der Mitfahrer zahlt für die Vermittlung (*arrangement*) und das Benzin. Eine Fahrt von Hamburg nach München etwa kostet halb soviel wie ein Bahnticket.

Was sind „Mitfahrzentralen"? Hier lesen Sie eine Erklärung.

Mitfahrzentralen liegen in Deutschland im Trend: Sie vermitteln Jahr für Jahr über eine Million Mitfahrer an mindestens 400.000 Autofahrer. Tendenz steigend. Das System dieser Fahrgemeinschaften ist denkbar einfach: Autofahrer rufen eine Mitfahrzentrale an und geben ihren Abfahrts- und Zielort bekannt. Gleichzeitig bieten sie eine bestimmte Anzahl Mitfahrer-Plätze an. Die Zentralen prüfen per Computer, welche Mitfahrer den gleichen Abfahrts- und Zielort haben, und vermitteln Fahrer und Mitfahrer gegen Gebühr. Selbst die Rückfahrt kann so bereits im voraus gebucht werden.
    Ebenfalls möglich: Teilstrecken. Beispiel: Herr Müller fährt von Hamburg nach Bonn, und Frau Meyer fährt nur bis Dortmund mit.
    Treffpunkte für Fahrer und Mitfahrer sind meist die Mitfahrzentralen selbst oder Haltestellen öffentlicher Verkehrsmittel. Der Mitfahrpreis richtet sich nach der Länge der Strecke und beträgt im allgemeinen etwa 10 Pfennig je Kilometer.

Gewinn macht der Autofahrer damit nicht – obwohl die Vermittlung für ihn kostenlos ist: Er fährt die Strecke ohnehin, und sein Fahreranteil deckt höchstens reale Kosten wie Benzin, Autobahngebühren, Wertverlust (*depreciation*), Reparaturen, Öl usw. Dafür reist er nicht stundenlang allein, und alle Fahrgemeinschaften schonen zudem Geldbeutel und Umwelt. Billiger ist nur der Autostop.

B. Fragen.

1. Machen Sie eine Liste mit Vor- und Nachteilen von Mitfahrzentralen.

   VORTEILE   NACHTEILE

   a. _____   a. _____

   b. _____   b. _____

   c. _____   c. _____

   d. _____   d. _____

2. Gibt es Mitfahrzentralen in den USA? Was glauben Sie?

   _____

3. Finden Sie die Mitfahrzentralen eine praktische Einrichtung? Warum (nicht)?

   _____

   _____

   _____

4. Würden Sie mit einem fremden Autofahrer/einer fremden Autofahrerin von einer „Mitfahrzentrale" mitfahren? Warum (nicht)?

   _____

   _____

   _____

STRUKTUR- UND WORTÜBUNGEN

A. **Alles besser!** Zwei Freunde wollen sich übertreffen (*outdo each other*). Verwenden Sie den Komparativ.

For more intensive practice, see computer software.

BEISPIEL: A: Ich habe ein schönes Haus.

B: *Du hast ein schönes Haus, aber ich habe ein schöneres Haus.*

1. A: Wir haben ein teures Auto.

   B: _____

2. A: Mein Vater hat eine hohe Position.

   B: _____

3. A: Wir essen abends gut.

   B: _____

4. A: Unsere Großeltern haben ein gemütliches Wochenendhaus.

   B: _____

5. A: Die Schweizer haben komfortable Züge.

   B: _____

6. A: In den Ferien fliegen wir an einen warmen Strand.

   B: _____

7. A: Meine Reisen sind immer interessant.

   B: _____

8. A: Ich spreche gern von meinen Erfahrungen.

   B: _____

9. A: Meine Familie hat viel Geld.

   B: _____

10. A: Wir essen in eleganten Restaurants.

   B: _____

B. *Oh weh – mein Auto ist kaputt!* Ergänzen Sie die fehlenden Adjektivendungen, wenn notwendig.

Ich hatte einen gut____ alt____ Freund. Es war mein alt____ Auto, ein

zwölfjährig____ rot____ VW. Seit letzt____ Freitag, es war der dreizehnt____(!),

fährt er nicht mehr. Ein schwarz____ Mercedes mit einem sehr aggressiv____

Fahrer sorgte dafür, daß mein lieb____ Volkswagen nun nicht mehr in meiner

klein____ Garage steht, sondern auf einem häßlich____ Autofriedhof verrostet.

Was war passiert? Es war ein kalt____ Tag, die Straße war glatt____ und etwas eisig____ . Der schnell fahrend____ Mercedes hinter mir wollte mich überholen. Sein ungeduldig____ Fahrer – es war ein Deutsch____ aus München – wollte nicht akzeptieren, daß man bei schlecht____ Wetter, naß____ Straße und dicht____ Verkehr nicht mit 140 Stundenkilometer fahren sollte. Der Fahrer des groß____ schwarz____ Mercedes verlor die Kontrolle und fuhr in meinen klein____ VW. Ein unfair____ Match. Zum Glück gab es keinen schwer____ Unfall, aber für meinen alt____ Volkswagen war dies das Ende seiner sehr lang____ Karriere. Er war nach diesem unglücklich____ Unfall total kaputt____ .

Gern würde ich mir ein ander____ Auto kaufen. Aber wegen meines teur____ Studiums kann ich mir das nicht leisten. Wer schenkt mir einen alt____ Volkswagen?

C. *Trampen, Führerschein, Gelbe Engel und Autobahnen.* Ergänzen Sie die Lücken mit einem sinnvollen und passenden Wort. Wählen Sie von der Wortliste.

> Schild • per Anhalter • Führerschein • trampen • Gelber Engel • Geld • gefährlich • gelben • Daumen • Autonummer • Fahrprüfung • billig • Nacht • Schlafsack • Werkzeuge • reparieren • Tränengassprüh • abgeschleppt • Fahrschule

Wenn junge Leute reisen und Geld sparen wollen, dann _____ sie manchmal. Diese Form des Reisens ist zwar billig, aber auch _____ . Wenn man als Tramper mitgenommen werden will, steht man mit einem _____ an der Straße oder man zeigt mit dem _____ , daß man trampen will. Für das Wort „trampen" gibt es noch einen anderen Ausdruck. Man fährt _____ _____ . Wer trampt, soll vorsichtig sein. Man soll sich die _____ des Autos merken. Und was soll man als Tramper noch mitnehmen, um sicherer zu sein: _____ und _____ .

Wenn man ein Auto fahren will, muß man einen _____ haben.
Um einen Führerschein zu bekommen, besucht man in Deutschland eine
_____ . Nachdem man eine Fahrschule besucht hat, legt man bei der
Polizei die _____ ab. Der Besuch einer Fahrschule kostet viel
_____ , sie ist nicht _____ .

Wenn man auf einer Autobahn in Deutschland eine Panne hat, hilft Ihnen
vielleicht ein _____ _____ . Diese Autohelfer fahren mit
_____ Autos. Sie sind die Straßenwacht des ADAC (Deutscher
Automobilklub) und fahren auf der Autobahn Tag und _____ . Die
Mechaniker der Straßenwacht haben in ihren Wagen _____ . Kleinere
Schäden können sie sofort _____ . Wenn die Mechaniker den Schaden
nicht repariern können, wird das Auto _____ .

SCHRIFTLICHES

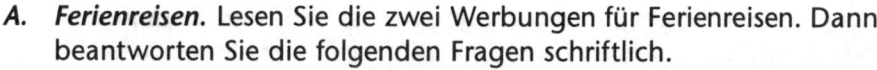

A. **Ferienreisen.** Lesen Sie die zwei Werbungen für Ferienreisen. Dann
beantworten Sie die folgenden Fragen schriftlich.

1. Wohin würden Sie reisen? Sie haben nur drei Tage Zeit und können ungefähr 550 Mark für Flugreise und Hotel ausgeben.

   _____

   _____

2. Sie planen Ihre Hochzeitsreise. Sie wollen auf eine romantische Insel fliegen. Sie haben eine Woche Zeit und wollen 2,100 Mark ausgeben. Wohin fliegen Sie?

   _____

   _____

3. Sie interessieren sich für Amerika, besonders für Florida. Was kostet ein Mietwagen in Florida pro Woche? Gibt es eine Möglichkeit, Flugkosten und Hotelkosten und Mietwagen zusammen zu bezahlen? Was kostet das?

   _____

   _____

B. Das war ein Abenteuer! Erzählen Sie die folgende Geschichte weiter. Verwenden Sie das Vokabular von Kapitel 5. Geben Sie Ihrer Geschichte einen Titel.

   Titel = _____

Das war ein Abenteuer! Unsere erste Reise nach Amerika und was wir da alles erlebt haben. Es begann am Flughafen. Wir schleppten uns mit den Koffern ab, da merkten wir nicht, daß unser Freund Uwe plötzlich verschwand. Wir suchten ihn überall, da_____

_____

_____

_____

_____

_____

_____

_____

_____

_____

_____

C. *Wir fahren nach Amerika – ein Briefwechsel.* Elke ist eine Studentin in Bern; James ist ein Student in Denver, Colorado. Elke, eine Brieffreundin von James, schreibt einen kurzen Brief an ihn. Sie teilt ihm mit, daß sie im kommenden Sommer mit einer Freundin die USA besuchen wird. Schreiben Sie den Brief. Die folgende Wortliste soll Ihnen Ideen für diesen Brief geben.

Pläne haben • sich freuen auf • wenig Geld haben •

per Anhalter fahren • mit dem Bus, mit dem Zug fahren •

sechs Wochen bleiben • den Westen, die Rockies sehen wollen •

Nationalparks besuchen • Reiseschecks mitnehmen •

Hotelkosten sparen • billig übernachten • zelten und campen •

vielleicht ein Auto mieten wollen • Versicherung notwendig •

nichts riskieren wollen • vorsichtig sein • usw.

Bern, den ___ Marz 19___

Lieber James,

_____

_____

_____

_____

_____

_____

_____

_____

_____

_____

_____

Schreib' bald.

Für heute herzliche Grüße
Deine Elke

Sie sind James und beantworten diesen Brief. Sie geben Rat, Informationen, machen Vorschläge.

Denver, den ____ Marz 19____

Lieber Elke,

_____

_____

_____

_____

_____

_____

_____

_____

_____

_____

_____

Ich freue mich schon auf Deinen Besuch.

Liebe Grüße

Dein James

HÖRVERSTÄNDNIS

A. *Positiv oder negativ?* Hören Sie, was über verschiedene Eltern gesagt wird. Schreiben Sie **P**, wenn die Aussage etwas **Positives** bedeutet und **N**, wenn etwas **Negatives** ausgesagt wird.

BEISPIEL: Sie hören: Meine Eltern stellen viele Fragen. Sie wollen wissen, was ich jede Minute mache.

Sie schreiben: _N_

1. ___ 2. ___ 3. ___ 4. ___ 5. ___ 6. ___ 7. ___ 8. ___ 9. ___ 10. ___

B. *Die traurige Lisa.* Hören Sie, was Lisa an ihre Freundin Birgit schreibt. Beantworten sie dann die Fragen auf deutsch. Sie hören alles zweimal.

1. _____

2. _____

3. _____

4. _____

5. _____

GESPRÄCHSIDEEN

A. *Per Anhalter nach Berlin.* Stellen Sie sich die folgende Situation vor: Sie wollen unbedingt kostenlos nach Berlin reisen. Ihr Freund/Ihre Freundin ist ganz dagegen. Was könnten Sie sagen, um seine/ihre Meinung zu ändern? Arbeiten Sie mit einem Partner/einer Partnerin.

SIE:	Ich will diesen Sommer per Anhalter nach Berlin reisen.
FREUND(IN):	Da bin ich dagegen. Das ist zu gefährlich.
SIE:	Ich werde nicht allein reisen ...
FREUND(IN):	Es ist trotzdem nicht sicher.
SIE:	Aber so gefährlich ist das gar nicht. Außerdem sparen wir uns ...
FREUND(IN):	Vielleicht sollst du dir das Geld vorher verdienen.
SIE:	Ich habe jetzt keine Zeit dafür, weil ...
FREUND(IN):	Also gut, wenn ...

B. *Hast du einen Autostopper mitgenommen?* Bereiten Sie ein Gespräch mit einem Partner/ einer Partnerin vor, und machen Sie das Rollenspiel vor der Klasse. Verwenden Sie die du-Form.

STUDENT(IN) A:	Hast du schon mal jemanden mitgenommen?
STUDENT(IN) B:	Ja, weil .... Und du, hast du schon einmal einen Autostopper mitgenommen?
STUDENT(IN) A:	Nein, noch nie, weil ...
STUDENT(IN) B:	Es kann ja sein, daß der Autostopper eine Autopanne hatte, oder kein Geld, um nach Hause zu fahren. Was sagst du in so einer Situation?
STUDENT(IN) A:	Ich nehme trotzdem nie einen Autostopper mit, weil ...
STUDENT(IN) B:	Ich bin nicht deiner Meinung. Kannst du dir eine Situation vorstellen, wo du eine Ausnahme machen würdest?
STUDENT(IN) A:	...

KAPITEL 6

Krieg und Frieden

LESEVERSTÄNDNIS

A. **Hilfsdienste.** Lesen Sie den Bericht,[1] und schlagen Sie unbekannte Wörter im Wörterbuch nach.

Lesestrategien:

- Lesen Sie den Titel; hilft er Ihnen, den Text zu verstehen?
- Unterstreichen Sie Wörter, die Sie wichtig finden.

HILFSDIENSTE IN DEUTSCHLAND

In Deutschland gibt es zahlreiche kirchliche und private Initiativen und Organisationen, die Menschen in Notsituationen helfen – im In- und Ausland. Die meisten davon sind gemeinnützige* Vereine, d.h. sie sind nicht profitorientiert und verfolgen mildtätige, allgemeinnützige[+] oder kirchliche Zwecke, die der Staat nicht wahrnehmen kann oder will. Die Finanzierung erfolgt durch staatliche Unterstützung sowie durch Spenden- und Mitgliedsbeiträge. An vielen Projekten arbeiten zudem ehrenamtliche Mitarbeiter, Freiwillige oder Zivildienstleistende (Zivis) mit, die anstatt des Wehrdienstes eine Tätigkeit im sozialen Bereich absolvieren.

* available to the public
[+] universal

[1] Aus: *Tip: Landeskunde im Deutschunterricht* (Lehrbegleitheft zu *Juma*), Tiefdruck Schwann-Bagel GmbH, Mönchengladbach 3/93, S. 23, 26.

Arbeiter-Samariter Bund: Hilfsorganisation in Deutschland

Johanniter Unfall-Hilfe: Für Erste Hilfe, häusliche Krankenpflege, Soforthilfe am Unfallort

Deutscher Caritasverband: humanitäre Katastrophenhilfe

Malteser Hilfsdienst: Sanitätsarbeit, Unfallhilfe, Entwicklungshilfe

Deutsches Rotes Kreuz: Sozialdienste in Heimen, Kindergärten, Suchdienst, Rettungsfahrzeuge, Blutspendedienst

Technisches Hilfswerk: Bergung von Menschen, Tieren, Gütern; Flüchtlingsunterkünfte; Transport von Sachspenden; Sturmfluthelfer

---

B. *Welche Antwort stimmt?* Kreuzen (✓) Sie a, b oder c an.

1. In Deutschland gibt es _____ .
   a. nur kirchliche Hilfsorganisationen
   b. private, kirchliche und staatliche Hilfsorganisationen
   c. drei Hilfsorganisationen

2. Von wem werden die Hilfsorganisationen finanziell unterstützt?
   a. Von privaten Spenden.
   b. Von staatlichen Spenden.
   c. Von beiden.

3. Wer arbeitet in diesen Hilfsorganisationen?
   a. Soldaten.
   b. Freiwillige, Zivis.
   c. Studenten und Staatsdiener.

C. *Bei welcher Organisation kann ich Hilfe erwarten?* Schreiben Sie den Namen der Hilfsorganisation neben die Frage.

1. Es gab eine Naturkatastrophe. Unser Haus wurde zerstört und wir haben keine

   Unterkunft. Wer kann helfen? _____

2. Meine Mutter wird nächste Woche operiert. Wer kann mit Blutspenden helfen?

   _____

3. In unserer Stadt gibt es Obdachlose, die keine Wohnung oder kein Haus haben.

   Wer hilft diesen Menschen? _____

4. Manchmal reist eine große Ausländer- und Flüchtlingsgruppe in Deutschland ein.

   Wer kann diesen Menschen helfen? _____

5. Unsere Katze ist auf einen Baum geklettert. Sie hat Angst, herunter zu kommen.

   Gibt es sogar dafür eine Organisation, die hilft? _____

STRUKTUR- UND WORTÜBUNGEN

For more intensive practice, see computer software.

A. Was wird hier gezeigt? Schreiben Sie neben jedes Bild einen Satz im Passiv (Präsens).

BEISPIEL:

Hier wird um Auskunft gefragt. _____

1. _____

2. _____

3. _____

4. _____

B. Das Passiv. Bilden Sie einen vollständigen Satz. Achten Sie auf die richtige Verbform und Wortstellung. Verwenden Sie das Passiv.

BEISPIEL: Bomben / zerstören / die Stadt (*simple past passive*)
Die Stadt wurde durch Bomben zerstört.

1. der Arzt / operieren / den Patienten / nächste Woche (*future passive*)

   _____

2. Arbeiter / ersetzen / Computer (*present perfect passive*)

_____

3. mehr als 40 Stunden / arbeiten / in der Firma (*simple past passive*)

_____

4. mein Nachbar / reparieren / mein altes Auto / gestern (*present perfect passive*)

_____

C. Wie sagt man das im Passiv?

BEISPIEL: Man diskutierte den ganzen Abend über diese Probleme.
          Über diese Probleme wurde den ganzen Abend diskutiert.

1. Man glaubte mir nicht.

_____

2. Auf der Post half man mir mit den Paketen.

_____

3. Man raucht hier nicht.

_____

4. In der Kirche redet man nicht laut.

_____

5. In der Englischstunde spricht man nicht Deutsch.

_____

D. Welches Wort paßt? Schreiben Sie **als, wenn** oder **wann.**

1. _____ ich vier Jahre alt war, lebte ich noch in Österreich.

2. Weißt du, _____ der nächste Zug von Wien ankommt?

3. _____ werden Sie endlich Ihre Post abholen?

4. Immer _____ es schneit, fehlen viele Studenten.

5. Wo hast du gearbeitet, _____ du vor vier Jahren in der Schweiz warst?

6. Nadine war sehr müde, _____ sie in Wien ankam.

7. Ich weiß nicht, _____ er ins Kino geht.

8. Kannst du mir sagen, _____ dieser Film zu Ende ist?

9. _____ dieser Film zu Ende ist, gehen wir nach Hause.

10. _____ du willst, komme ich am Wochenende zu dir.

$\mathcal{S}$CHRIFTLICHES

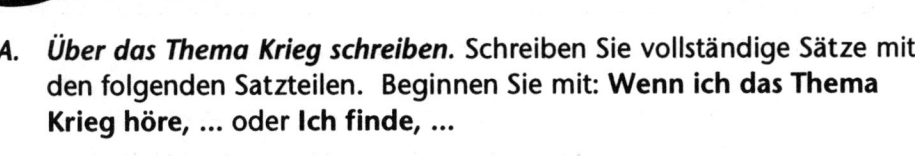

A. *Über das Thema Krieg schreiben.* Schreiben Sie vollständige Sätze mit den folgenden Satzteilen. Beginnen Sie mit: **Wenn ich das Thema Krieg höre, ...** oder **Ich finde, ...**

BEISPIELE: Krieg / gegen / demonstrieren
Wenn ich das Thema Krieg höre, möchte ich gegen Krieg demonstrieren.

sollen/ man / von / Kriege / lernen
Ich finde, man soll von Kriegen lernen.

1. den Krieg / vergessen / einfach schnell

   _____

2. Briefe / schreiben / an Präsidenten

   _____

3. Geld, Decken, Nahrung / spenden / für Flüchtlinge

   _____

4. weniger Munition und Waffen / kaufen

   _____

5. Krieg / dürfen / man / und / sollen / nie vergessen

   _____

6. man / sollen / lernen / von Kriegen

   _____

7. Kriege / sein / schrecklich / man / können / vergessen / sie / nie

   _____

8. alle / schicken / in die Armee

   _____

9. demonstrieren / gegen Krieg

   _____

10. schreiben / politische Protestlieder

    _____

11. nichts tun

    _____

B. *So denke ich über Krieg.* Schreiben Sie nun einen Aufsatz von mindestens 80 Wörtern, wie Sie auf das Thema Krieg reagieren.

_____

_____

_____

_____

_____

_____

_____

_____

_____

_____

C. *Ich brauche Hilfe.* Verfassen Sie einen Brief an eine Hilfsorganisation. (Siehe Seite 65–66.) Schreiben Sie, welche Probleme Sie haben, welche Hilfe Sie erwarten, wie lange, warum, usw.

An die _____ *, den* _____

_____

_____

Sehr geehrte Damen und Herren,

_____

_____

_____

_____

_____

_____

_____

Mit freundlichen Grüßen

_____

D. *Krieg ist Leid, Friede ist Freud.* Hier sind einige Wörter oder Wortverbindungen, die wir mit dem Thema „Krieg" assoziieren.

a. Menschen	**b. Städte und Länder**	**c. Fernsehen/Zeitungen/Radio**
kämpfen	werden vernichtet	berichten
sterben	werden besetzt	interviewen
leiden	werden zerstört	fotografieren
protestieren		schreiben
hassen		
werden getötet		

1. Was assoziieren Sie mit dem Wort „Frieden"? Schreiben Sie Ihre „Friedensliste".

   _____   _____

   _____   _____

   _____   _____

   _____   _____

2. Verwenden Sie mindestens drei Wörter von der „Kriegsliste" und drei von Ihrer „Friedensliste" in vollständigen Sätzen.

   _____

   _____

   _____

   _____

   _____

   _____

E. *Über Krieg und Frieden.* Verbinden Sie jedes Satzpaar mit einer passenden Konjunktion. Wählen Sie von diesen Konjunktionen.

> damit • weil • sobald • wenn • ob • obwohl • da • während • bis

BEISPIEL: Jeder Staat braucht eine Armee. Sie muß ihre Bürger schützen.
Jeder Staat braucht eine Armee, weil sie ihre Bürger schützen muß.

1. Ludwig Thoma kritisierte alle Kriege. Er haßte alle Kriege.

   _____

2. Wir müssen an den Frieden glauben. Wir wollen Frieden haben.

_____

3. Ich glaube an die Notwendigkeit der Wehrpflicht. Ich bin nicht gern Soldat.

_____

4. Die Menschen müssen toleranter werden. Es soll keine Kriege mehr geben.

_____

5. Wir können nicht warten. Die Politiker garantieren den Frieden.

_____

6. In Österreich lebt man in Frieden. In Bosnien wird seit Jahren gekämpft.

_____

7. Es gibt keinen Krieg mehr. Man kann alle Armeen abschaffen.

_____

8. Viele Amerikaner mußten in Vietnam kämpfen. Es gab damals eine Wehrpflicht.

_____

9. Wir wissen (es) nicht. Es wird zwischen Israel und den Arabern Frieden geben.

_____

ℋÖRVERSTÄNDNIS

A. *Auf englisch bitte.* Ein Amerikaner ist aus Deutschland zurückgekommen. Er erklärt einem Freund, welche Schilder er gelesen hat. Übersetzen Sie, was Sie hören.

BEISPIEL: Sie hören: Um 22:00 Uhr muß das Licht ausgemacht werden.
Sie schreiben: _At 10 P.M. the light has to be turned off._

1. _____

2. _____

3. _____

4. _____

5. _____

6. _____

7. _____

8. _____

9. _____

10. _____

B. **Was stimmt hier?** Schreiben Sie, ob die Aussagen, die Sie hören, **richtig (R)** oder **falsch (F)** sind.

BEISPIEL: Sie hören: Die Schweizer haben kein Militär.

Sie schreiben: _F_

1. ____ 2. ____ 3. ____ 4. ____ 5. ____ 6. ____ 7. ____ 8. ____ 9. ____ 10. ____

*G*ESPRÄCHSIDEEN

A. *Gruppenarbeit.* Bilden Sie vier Gruppen. Jede Gruppe bespricht ein Thema. Besprechen Sie die Ergebnisse mit der Klasse. Unterstützen Sie Ihren Standpunkt mit guten Argumenten. Verwenden Sie die folgenden Ausdrücke:

Ich bin ganz dafür, daß...
Nein, da bin ich absolut dagegen, denn...
Im allgemeinen kann man das so sehen, aber...
Ich bin gar nicht Ihrer Meinung, weil...
Nur unter einer Bedingung bin ich dafür/dagegen:
Ich bin dafür, daß...
Ich bin dagegen, weil...
Wie meinst du das? Erkläre mir doch...
Das ist eine gute Idee, was du gesagt hast, aber...

Thema 1: Ist Krieg immer negativ oder manchmal auch notwendig?

Thema 2: Alle Frauen sollen Militärdienst leisten.

Thema 3: Sind Religionskriege gerechtfertigt?

Thema 4: Man darf der Gewalt keine Chance geben.

1. Thema von Gruppe 1: _____

Argumente von Gruppe 1: _____

_____

2. Thema von Gruppe 2: _____

   Argumente von Gruppe 2: _____

   _____

3. Thema von Gruppe 3: _____

   Argumente von Gruppe 3: _____

   _____

4. Thema von Gruppe 4: _____

   Argumente von Gruppe 4: _____

   _____

B. *Was können Jugendliche tun?* Sie sind Vertreter einer Jugendfriedensorganisation und sollen eine Diskussion zum Thema Weltfrieden leiten. Bereiten Sie fünf Fragen vor. Dann diskutieren Sie die fünf Fragen miteinander.

BEISPIEL: Was könnten Jugendliche zum Weltfrieden beitragen?

1. _____

   _____

2. _____

   _____

3. _____

   _____

4. _____

   _____

5. _____

   _____

K A P I T E L 7

*F*ernsehen, Musik und das Lesen

*L*ESEVERSTÄNDNIS

A. *Ein Telefongespräch.* Bringen Sie die Sprechblasen in die richtige Reihenfolge, damit ein Telefongespräch entsteht. Numerieren Sie die Sprechblasen.

Tag, Nina! Hast du Lust, zu mir zu kommen? Ich habe jetzt eine Internetaddresse. Möchte Dir zeigen, was man da alles machen kann.

____

Ich muß jetzt Schluß machen. Bis später.

____

Leider geht's nicht. Ich habe vor, ins Kino zu gehen.

Hallo! Hier bei Müller!

1

Okay, wenn du Lust hast, kannst du mich später anrufen.

____

Einen Augenblick!

Möchte gern mit Nina sprechen. Ist sie da?

____

____

B. *Ein Freizeitpark.* Lesen Sie den Zeitungsartikel[1] über einen Freizeitpark in Deutschland. Beantworten Sie dann die Fragen.

HERZIG

Der „Traumlandpark" in Bottrop ist ein sogenannter Freizeitpark. In ihm sorgen künstliche Attraktionen wie „das größte Herz der Welt" für einen angenehmen Zeitvertreib von jung und alt.

In den Industriegesellschaften ist der Freizeit-Markt aufgrund der Verkürzung der Arbeitszeit eine Wachstumsbranche. Deshalb gibt es immer mehr Freizeitparks in Deutschland, und alle arbeiten mit Gewinn.

Der Anteil der Berufstätigkeit an der Lebensdauer betrug 1871 noch 70 Prozent: 1983 waren es nur noch 50 Prozent. In der Bundesrepublik hat jeder Arbeitnehmer 5,3 Stunden Freizeit pro Werktag. Am Wochenende sind es 14,5 Stunden. Das Institut für Freizeitwirtschaft in München schätzt bis 1995 die jährlichen Ausgaben für die Freizeit auf insgesamt 300 Milliarden Mark. In den alten Bundesländern hängen rund 4 Millionen Arbeitsplätze von der Freizeitindustrie ab, davon etwa 1,5 Millionen von Tourismus.

34 Millionen Deutsche treiben 1988 in ihrer Freizeit Sport. Die beliebtesten Sportarten 1985: Baden/Schwimmen (rund 31 Mio[2]), Wandern (rund 24 Mio), Radfahren (rund 20 Mio), Jogging (rund 8 Mio), Tennis (rund 5 Mio), Skilaufen alpin (rund 5 Mio), Skilanglauf (rund 4 Mio), Fitneß/Bodybuilding (rund 4 Mio), Windsurfen (rund 3 Mio), Squash (rund 2 Mio).

Für wen ist der Freizeitpark?	Was tun die Deutschen in der Freizeit?	Warum gibt es so viel mehr Freizeit in Deutschland?

[1] Aus: *Juma*, Tiefdruck Schwann-Bagel GmbH, Mönchengladbach, 4/91, S. 40.

[2] **Mio = Millionen.**

Was hat mich überrascht?	Was habe ich schon gewußt?	Was ich noch wissen möchte.

C. Können Sie die statistische Aufstellung[3] interpretieren? Beantworten Sie die Fragen unten.

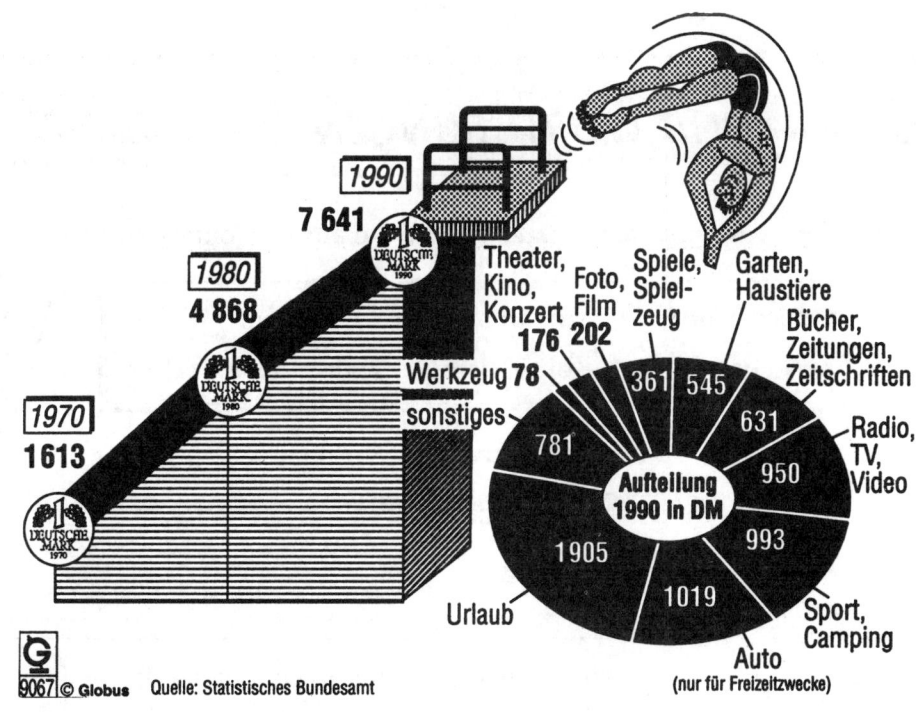

9067 © Globus   Quelle: Statistisches Bundesamt

1. Wann wurde mehr Geld für Freizeit ausgegeben?

❏ 1980   ❏ 1990

[3] Aus: *Juma*, Tiefdruck Schwann-Bagel GmbH, Mönchengladbach, 4/91, S. 40.

2. Wofür wurde 1990 das meiste Geld ausgegeben?

- ❑ Sport
- ❑ Auto für Freizeitzwecke
- ❑ Radio, Fernsehen
- ❑ Urlaub
- ❑ Kino

3. Wurden 1990 mehr Spielzeuge gekauft oder mehr Theater-, Kino-, Konzertkarten?

- ❑ Spielzeuge ❑ Theater-, Kino-, Konzertkarten

4. Was machen die Deutschen lieber/häufiger: Reisen oder Sport treiben?

- ❑ Reisen ❑ Sport treiben

5. Für welche zwei Freizeitaktivitäten gaben die Deutschen ungefähr gleich viel Geld aus?

- ❑ Sport, Camping ❑ Foto, Film
- ❑ Garten, Haustiere ❑ Radio, TV

6. Wofür wurde das wenigste Geld ausgeben?

- ❑ Werkzeuge ❑ Theater, Kino
- ❑ Auto ❑ Bücher, Zeitschriften

$\mathcal{S}$TRUKTUR- UND WORTÜBUNGEN

For more intensive practice, see computer software.

A. **Welche Adverbien passen in diese Sätze?** Wählen Sie aus der folgenden Liste.

> hier • unten • manchmal • gern • gestern • viel •
> heute • selten • oft • wenig • doch • dort • sehr

BEISPIEL: Inge liest die Sonntagszeitung.

Inge liest *manchmal* die Sonntagszeitung.

1. Das hat uns Peter erzählt.

_____

2. Man hat mir verboten, das Buch zu kaufen. Ich habe es gekauft.

_____

3. Wo ist Bernhard? Er steht dort.

_____

4. Heute gehe ich schwimmen, weil es heiß ist.

_____

5. Ich lese in der Freizeit lange Romane.

_____

6. Ist das dein Elternhaus? Bist du zu Hause?

_____

7. Rufst du 911 an?

_____

8. Sie hat nur manchmal über dieses Problem gesprochen. Sie spricht davon.

_____

B. **Trennbare Verben.** Ersetzen Sie die <u>unterstrichenen</u> Wörter mit trennbaren Verben.

BEISPIEL: Ich <u>höre</u> <u>lieber</u> Musik als einen Vortrag in der Uni.
Ich *ziehe* Musikhören einem Vortrag in der Uni *vor.* _____

> zunehmen • ansteigen • anziehen • ausmachen

1. Die Popularität der Heimcomputer <u>erhöht sich</u>.

_____

2. Die Leselust ist nicht mehr so <u>verbreitet</u>.

_____

3. Ich <u>trage</u> heute einen warmen Pullover.

_____

4. Meine Eltern mögen meine Musik nicht. Ich muß mein Radio <u>abschalten.</u>

_____

C. **Was passiert uns fast täglich?** Verwenden Sie diese Verben in Sätzen. Aufpassen – einige sind trennbare, andere untrennbare Verben.

BEISPIEL: Rechnungen bezahlen
Bezahlst du die Rechnungen sofort? _____

1. etwas einkaufen müssen

_____

2. an einem Kurs teilnehmen

_____

3. an einem Projekt arbeiten müssen

_____

4. um eine Antwort bitten

_____

5. an eine Prüfung denken

_____

6. sich in einen anderen Menschen verlieben

_____

7. Interesse an Freizeitaktivitäten haben

_____

8. junge Menschen verstehen wollen

_____

D. *Was ist das?* Schreiben Sie das richtige Wort neben die Definition. Wählen Sie von dieser Liste.

BEISPIEL: Am Anfang eines Briefes schreibt man eine _____ .

Am Anfang eines Briefes schreibt man eine _____ *Anrede* _____ .

> der Erfolg • das Pech • die Anzahlung • die Abzahlung • das
> Kabel • das Modem • die Teenagers • die Sendung •
> die Unterhaltung • die Unterschrift • die Nachrichten • der
> Wetterbericht • die Werbung • die Meinungsfreiheit •
> die Pressefreiheit • die Anrede • die Notiz

1. Ich habe die Freiheit, alles sagen zu dürfen. Das nennt man:

_____ .

2. Man liest sie in der Zeitung, man sieht sie im Fernsehen, man hört sie im Radio.

Sie soll Leute zum Kaufen anregen. Es ist _____ .

3. Jede Zeitung hat verschiedene Teile: einen Sportteil, einen Kulturteil, einen

Unterhaltungsteil und für viele wichtig, den _____ .

4. Wenn man ein Formular ausfüllt, muß man meistens auch den Namen darunter

schreiben. Das nennt man _____ .

5. Ich kann nicht alles sofort bezahlen. Ich gebe Ihnen einen Teil des Gesamtpreises.

Sie bekommen _____ .

6. Zu Hause bekommen wir nur drei Programme. Wir wollen aber auch

internationale Programme empfangen können. Wir brauchen

_____ .

7. Die Erwachsenen verstehen uns nicht. Sie waren nie jung. Sie verstehen keinen

Spaß. Das wird von wem gesagt? Den _____ .

8. Es geht mir gut in der Schule, und ich bekomme nur gute Noten. Ich habe viel

_____ .

SCHRIFTLICHES

A. Schreiben Sie, ...

1. was Sie in der Freizeit machen sollen, aber nicht gern machen wollen;

_____

_____

_____

2. was Ihr Freund/Ihre Freundin in der Freizeit nie macht;

_____

_____

_____

3. was Sie in den Ferien tun möchten;

_____

_____

_____

4. was Deutsche wahrscheinlich in der Freizeit tun.

_____

_____

_____

B. *Die Werbung.* Schreiben Sie einen Werbespot. Wählen Sie eine amerikanische Stadt, die Sie in Deutschland anpreisen wollen. Schreiben Sie jetzt einen kurzen Werbespot, der im deutschen Fernsehen gesendet wird.

BEISPIEL:

Packen Sie Ihre sieben Sachen ein, und kommen Sie ins Ferienparadies. Billigflüge von jeder größeren Stadt! Kurze Anreise vom Flughafen! usw.

_____

_____

_____

_____

_____

_____

_____

_____

_____

_____

_____

Hörverständnis

A. *Was ist Ihre Antwort?* Sie hören einen Kommentar über das Thema „Die Lust am Lesen ist noch nicht vergangen", der am 16. Juli 1993 in den *Deutschland Nachrichten* erschienen ist. Sie hören den Kommentar zweimal. Beantworten Sie dann die Fragen.

1. _____

2. _____

3. _____

4. _____

5. _____

6. _____

7. _____

B. *Persönliche Fragen.* Beantworten Sie die folgenden Fragen auf deutsch. Sie hören jede Frage zweimal.

1. _____

2. _____

3. _____

4. _____

5. _____

GESPRÄCHSIDEEN

A. *Was ist Ihr Freizeitprofil?* Sprechen Sie mit einem Partner/einer Partnerin darüber.

	Sie	Partner(in)
1. Wieviel Freizeit haben Sie?		
2. Sprechen Sie über Ihre Freizeitaktivitäten.		
3. Wie verbinden Sie Ihr Familienleben mit Ihrer Freizeit?		

4. Wie verbringen Sie Ihre Zeit mit Freunden?		
5. Welche Sendungen sehen Sie im Fernsehen? Was hören Sie im Radio?		

B. *Sorgentelefon.* In der Freizeit kann es auch Probleme geben. In Deutschland gibt es ein „Sorgentelefon" für Jugendliche, die Sorgen und Probleme haben. Sehen Sie sich mit einem Partner/einer Partnerin die folgenden Bilder[4] an, dann spielen Sie ein Rollenspiel.

[4] Aus: *Tip: Landeskunde im Deutschunterricht* (Lehrbegleitheft zu *Juma*), Tiefdruck Schwann-Bagel GmbH, Mönchengladbach, 3/93, S. 38–39.

[5] Jugendsprache: „Zoff mit der Sippe" = **Streit mit der Familie.**

BEISPIEL

ANDY: Hallo. Ich brauche Hilfe. Ich halte es zu Hause nicht mehr aus!

TELEFONSTIMME: Erzählen Sie mir doch einfach, was los ist? Warum geht es
               schlecht zu Hause?

ANDY: Mein Vater geht mir echt auf die Nerven. Ich soll mich auf das
               Abitur konzentrieren, aber er redet nur von Gartenarbeit,
               Autowaschen usw. Ich hau' einfach ab. Ich geh' weg. Das halt ich
               nicht aus.

TELEFONSTIMME: ...

ANDY: ...

TELEFONSTIMME: ...

1. Frage: ...
2. Antwort: ...

3. Frage: ...
4. Antwort: ...

K A P I T E L 8

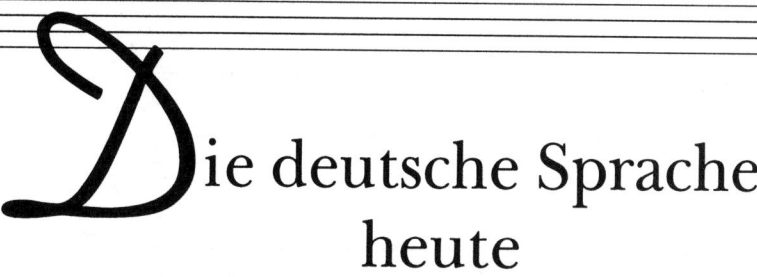

Die deutsche Sprache heute

*L*ESEVERSTÄNDNIS

A. *Klein-Amerika in Berlin.* Lesen Sie den folgenden Text,[1] und beantworten Sie dann die Fragen.

„KLEIN-AMERIKA" AM LUDWIGKIRCHPLATZ

Hot Dogs mit Cole Slaw, Bagels mit Cream Cheese, Nachos mit Jalapeno Sauce, Brownies und Strawberry Milkshakes – Erinnerung an den letzten USA-Urlaub werden wach. Weiter wandern die Gedanken an irgendeinen Diner oder Deli Shop, wo man riesige Pastrami-Sandwiches verzehren und endlos Kaffee nachholen kann! – In Berlin war man bisher lediglich auf solche Erinnerungen angewiesen, da es dort um die original-amerikanische Eßkultur mager bestellt war. In den letzten Jahren hat sich allerdings rund um den Ludwigkirchplatz im Berliner Stadtbezirk Wilmersdorf ein „Klein Amerika" mit einem reichhaltigen Angebot von kulinarischen Genüssen aus den USA entwickelt.

Den Anfang machte „Jimmy's Diner" in der Sächsischen Straße, im vergangenen Jahr folgte die „Okeh-Eatery" in der Pariser Straße, und zuletzt hat Mike Abraham in der Ludwigkirchstraße 10 seinen „American Deli" eröffnet. „Ich war oft im Urlaub in den USA, die Sandwiches haben mir einfach geschmeckt und so kam ich auf die Idee, es hier in Berlin mit einem Deli-Shop zu versuchen", erzählt Mike, der einmal bei der Firma Siemens den Beruf des Schlossers erlernt hat. Die Zutaten für die Hot Dogs und Sandwiches importiert Mike direkt aus den USA. Es darf natürlich auch kein bayrischer Senf auf die Wurst, sondern „America's Favourite Mustard" oder „Heinz Hot Dog Relish".

[1] Aus: *Deutschland Nachrichten*, 13. Januar 1995, S. 7.

Für Schokoladen-Liebhaber gibt es bei Mike „Hershey's Chocolate Bars" und dazu ein „Fortune Cookie".

Im „American Deli" treffen sich nicht nur heimwehkranke US-Bürger, die ihre heimische Schokolade gleich packenweise einkaufen, sondern auch deutsche Fans amerikanischer Gaumenfreuden. Demnächst will Mike auch Pastrami-Sandwiches anbieten, die es in Deutschland bisher noch nicht zu kaufen gibt.

1. Welche amerikanischen Produkte kennen Sie?

_____

_____

2. Wer besucht den „American Deli"? Warum?

_____

_____

3. Was versteht Mike Abraham unter „original-amerikanischer Eßkultur"?

_____

_____

4. Was verstehen Sie unter „original-amerikanischer Eßkultur"?

_____

_____

B. Lesen Sie die Reklame,[2] und beantworten Sie die Fragen auf deutsch oder englisch.

1. Wofür wird hier geworben?

_____

2. Wen soll diese Werbung besonders ansprechen?

_____

3. Im Text stehen diese Ausdrücke aus der Jugendsprache. Können Sie sie erklären?

a. einen heißen Draht haben _____

b. der Supersound _____

c. der heiße Sound _____

d. der Supertrip _____

e. das Hifi-Land _____

[2] Aus: *Texte zur Landeskunde im Unterricht.* „Werbung und Anzeigen", Goethe-Institut, 1983. S. 3.11.

f. einsame Spitze _____

g. ohne Pomp _____

h. LP _____

4. Für wen sind die Kopfhörer?

_____

5. Wieviel wiegen sie?

_____

6. Verwenden Sie Kopfhörer, wenn Sie Musik hören? Warum (nicht)?

_____

7. Wo soll man lieber mit Kopfhörern Musik hören?

_____

8. Welche Musik hören Sie gern?

_____

STRUKTUR- UND WORTÜBUNGEN

For more intensive practice, see computer software.

A. Welches Relativpronomen paßt hier? Ergänzen Sie das Relativpronomen im Nominativ, Genitiv, Dativ oder Akkusativ.

BEISPIEL: Wie heißt der junge Deutsche, _____*den*_____ du gestern kennengelernt hast?

Wie heißt der junge Deutsche, _____*dem*_____ du geholfen hast?

Wie heißt der junge Deutsche, _____*dessen*_____ Aussprache du schwer verstehst?

1. Wie heißen die Länder, ...

a. in _____ man Deutsch spricht?

b. _____ viele Gastarbeiter haben?

c. _____ Muttersprache Deutsch ist?

2. Kennen Sie den Professor, ...

a. _____ an dieser Universität Schwedisch lehrt?

b. von _____ ich Ihnen gestern erzählt habe?

c. _____ Sie heute vom Flughafen abholen sollen?

3. Kauft Thomas das Haus, ...

   a. in _____ lange niemand gewohnt hat?

   b. _____ seiner Tante gehört hat?

   c. _____ zehn Zimmer hat?

4. Die Polizei sucht die junge Deutsche, ...

   a. _____ gestern verschwunden ist.

   b. von _____ man jetzt soviel hört.

   c. _____ Auto heute gefunden wurde.

5. Der Druckfehler, ... , ist humorvoll.

   a. _____ wir gefunden haben

   b. _____ in diesem Satz steht

   c. _____ du mir gezeigt hast

B. *Jetzt mit einem Relativsatz.* Verbinden Sie die Sätze. Das Relativpronomen steht immer im Genitiv.

BEISPIEL: Diese Frau lebt jetzt in Hamburg. Ihre Bücher sind sehr bekannt.
   Diese Frau, deren Bücher sehr bekannt sind, lebt jetzt in Hamburg. _____

1. Mein Bruder spricht auch Französisch. Sein Hauptfach ist Englisch.

   _____

   _____

2. Alle Österreicher und Schweizer lernen Hochdeutsch. Ihre Dialekte sind sehr verschieden.

   _____

   _____

3. Unsere deutschen Freunde besuchen uns diesen Sommer. Wir haben ihre Briefe bekommen.

   _____

   _____

4. Unser Bürgermeister ist in Wien geboren. Seine Frau stammt aus der Schweiz.

_____

_____

C. *Wie sag' ich es mit einem Relativsatz?* Geben Sie die Definition mit einem Relativsatz.

BEISPIEL: eine Geschäftsfrau (ein Geschäft führen)
*Eine Geschäftsfrau ist eine Frau, die ein Geschäft führt.*___

1. ein Fremdwort (aus einer anderen Sprache kommen)

_____

2. eine Zeitungsanzeige (in einer Zeitung stehen)

_____

3. eine Ferienwohnung (man mietet sie in den Ferien)

_____

4. die Waldkapelle (im Wald stehen)

_____

5. der Sprachraum (man spricht eine gewisse Sprache)

_____

D. *Wie übersetzt man das in gutes Englisch?*

1. Die von uns vor vier Wochen bestellten Bücher haben wir noch nicht bekommen.

_____

2. Viele in Zeitungen gefundene Druckfehler können sehr humorvoll sein.

_____

3. Die in diesem Text erklärten grammatischen Strukturen sollte man auch üben.

_____

4. Die im deutschen Sprachraum gesprochenen Dialekte sind oft sehr verschieden.

_____

5. Unter den von deutschen Auswanderern geschaffenen Einrichtungen gehört der Kindergarten zu den wichtigsten.

_____

 CHRIFTLICHES

A. Schule im Jahr 2020. Lesen Sie diesen Leserbrief[3] eines 15 jährigen Gymnasiasten über seine Vorstellungen von Schule im Jahr 2020. Beantworten Sie dann die Fragen.

SCHULE IM JAHR 2020

Die Schüler sitzen zu Hause vor ihren Computern, lassen sich fünf Stunden lang von „Bildungs"-Programmen berieseln*, setzten danach ihre schwachen Augen auf den neuen Nintendo Super Hyper Ultra NES an. Endlich Freizeit!

Am Abend schließlich klicken sie mit der Maus ihr interaktives Fernsehen ein. Macht nichts. Schon bald gibt es den psychovegetativen Datenvermittler+, direkt angeschlossen an das zentrale Nervensystem.

Oldenburg   Christoph Thole, 15, Gymnasiast

---

* to be exposed endlessly
+ data processor

1. Wie stellen Sie sich das Schulleben der Zukunft vor?

   _____

2. Lernen Sie lieber eine neue Computersprache oder eine Fremdsprache?

   _____

3. Werden Computer eines Tages die Lehrer ersetzten? Was denken Sie?

   _____

B. Computerfans unter sich. Lesen Sie den Text, „Computerfans unter sich",[4] unterstreichen Sie Computerbegriffe, die es auch im Englischen gibt. Dann verwenden Sie diese Wörter in einem Aufsatz über das Thema „Computer in unserem Leben".

> *Hallo Tim,*
>
> *ich muß Dir unbedingt schreiben. Vor kurzem habe ich einen neuen Tower bekommen. Die Kiste ist irre gut. Sie ist mit 50 MHz getaktet und hat die beiden Driver für 3,5 bzw. 5, 25-Zoll Disketten. Auf die Harddisc gehen locker 200 Megabyte. So kann ich jetzt die aufwendigsten Files blitzschnell saven und loaden. Allerdings ist er nur mit schlappen 4 Mega RAM ausgestattet. Das ist etwas zu wenig für die vielen Softwareteile, die ich zum Teil noch benutzen muß.*

[3] Aus: *Focus: Das Moderne Nachrichtenmagazin*, Nr. 6,7. Februar 1994, S. 194.
[4] Aus: *Tip: Landeskunde im Deutschunterricht* (Lehrbegleitheft zu *Juma*), Tiefdruck Schwann-Bagel GmbH, Mönchengladbach, 2/93, S. 8.

Und mein Printer (natürlich ein Tintenstrahlprinter) ist eine wahre Wucht. Manchmal frage ich mich aber, wohin das eines Tages noch führen wird. Alles wird schneller und größer. Wird uns der Computer total beherrschen oder haben wir noch einen anderen Weg in der Zukunft?

Viele Grüße
Jörn

_____

_____

_____

_____

_____

_____

_____

_____

_____

HÖRVERSTÄNDNIS

A. *Richtig oder falsch?* Sie hören acht Sätze zum Thema „Die deutsche Sprache heute". Schreiben Sie, ob der Satz **richtig (R)** oder **falsch (F)** ist.

BEISPIEL: Sie hören: Das heutige Hochdeutsch gibt es seit 600 Jahren.
            Sie schreiben: _F_

1. ____ 2. ____ 3. ____ 4. ____ 5. ____ 6. ____ 7. ____ 8. ____

B. *Logisch oder unlogisch?* Sie hören acht Sätze zum Thema „Die deutsche Sprache heute". Schreiben Sie **L**, wenn der Satz, den Sie hören, **logisch** ist. Schreiben Sie **U**, wenn der Satz **unlogisch** ist.

BEISPIEL: Sie hören: Wer Hochdeutsch spricht, muß ein Bayer sein.
            Sie schreiben: _U_

1. ____ 2. ____ 3. ____ 4. ____ 5. ____ 6. ____ 7. ____ 8. ____

C. *Zwei Fanatiker.* Sie hören ein Telefongespräch zwischen Klaus Keller und Heinz Vogt. Sie hören das Gespräch zweimal. Dann folgen fünf Fragen. Beantworten Sie die Fragen auf deutsch.

1. _____

   _____

2. _____

   _____

3. _____

   _____

4. _____

   _____

5. _____

   _____

*G*ESPRÄCHSIDEEN

A. *Fremdsprachen.* Diskutieren Sie mit einem Partner/einer Partnerin über die folgenden Fragen.

1. Sind Sprachen wichtig? Warum (nicht)?

2. Welche Sprachen wollen Sie noch lernen? Warum?

3. Haben Sie Talent, Sprachen zu lernen? Welche?

4. Welche Fremdsprachen werden in Ihrer Familie gesprochen?

5. Welche Sprachen wollen Sie nicht lernen? Warum?

K A P I T E L 9

Die Europäische Union (EU) – Ein neues Europa

LESEVERSTÄNDNIS

A. *Die Europäische Union.* Lesen Sie, was einige junge Europäer über die EU denken.[1] Beantworten dann Sie die Fragen.

> Raquel wünscht sich ein einiges Europa: „ Ich möchte eine Zukunft ohne Terror und Kriege." Sie findet es traurig, daß man in ihrem Land Probleme mit Separatisten und Terroristen hat.
>
> Raquel, 21 Jahre, Spanien

> Toni findet es gut, zwei Nationalitäten zu haben. Doch das reicht ihm auch. In einem anderen Land in Europa möchte er nicht wohnen.
>
> Toni, 19 Jahre, Griechenland

> „Europa ist für mich nicht so wichtig", sagt Matthew, „es ist schwer genug, mit der eigenen Sprache Rechtsanwalt zu sein. Die USA bietet viele Möglichkeiten, wenn man Erfolg haben will."
>
> Matthew, 17 Jahre, Großbritannien

[1] Aus: *Tip: Landeskunde im Deutschunterricht* (Lehrbegleitheft zu *Juma*), Tiefdruck Schwann-Bagel GmbH, Mönchengladbach, 1/93, S. 8.

> Ilaria denkt, daß es irgendwann eine europäische Mentalität gibt. „Hoffentlich geht unsere eigene Mentalität dabei nicht verloren!" Sie glaubt, man muß zunächst an sein eigenes Land denken, dann an Europa. Wirtschaftliche Probleme und die Mafia sind Hindernisse auf dem Weg zur EU, glaubt sie.
>
> Ilaria, 18 Jahre, Italien

1. Mit welcher Meinung stimmen Sie überein? Warum?

   _____

   _____

   _____

2. Was halten Sie von Tonis Einstellung?

   _____

   _____

   _____

3. Wer spricht von Frieden und hofft auf ein Ende von Terror und Kriegen? Warum?

   _____

   _____

   _____

4. Warum ist Europa für Matthew unwichtig? Stimmen Sie zu?

   _____

   _____

   _____

𝒮TRUKTUR- UND WORTÜBUNGEN

For more intensive practice, see computer software.

A. **Ich berichte nur, was ich gehört habe.** Wie sagen Sie das in der indirekten Rede? Ob es stimmt oder nicht, muß der Leser entscheiden.

BEISPIEL: Dieter sagte: „Ich kann heute diese Arbeit nicht mehr machen. Ich bin zu müde dazu."

Dieter sagte, er könne heute diese Arbeit nicht mehr machen.
Er sei zu müde dazu.

1. Der französische Zahnarzt sagte: „Ich kann jetzt in Deutschland eine Praxis haben."

_____

_____

2. „Wenn ich jetzt meine Waren in Österreich verkaufe, muß ich keinen Zoll zahlen", meinte der italienische Geschäftsmann.

_____

_____

3. Paul sagte: „Ich habe nicht gewußt, daß Schweden 1995 der Europäischen Union beigetreten ist."

_____

_____

4. „Bald wird es in allen EU-Ländern den TÜV geben", behauptete Gernot.

_____

_____

5. „Aber den ECU haben die Europäer noch nicht wirklich eingeführt", sagte Ute.

_____

_____

6. „Ich weiß nicht, ob sich Rußland schon um Aufnahme in die EU bewerben will", meinte Karin.

_____

_____

7. „Es war für die Europäer nicht leicht, diese Europäische Union zu gründen", schrieb Jens in seinem Aufsatz.

_____

_____

8. „Was haben Sie in letzter Zeit über die Europäische Union gehört?" fragte Maria ihren Deutschlehrer.

_____

_____

9. „Am 1. 1. 1993 gründete man die Vereinigten Staaten von Europa", schrieb eine amerikanische Zeitung.

_____

_____

B. *Unsere Europäische Union!* Setzen Sie dieses Gespräch in die indirekte Rede. Beginnen Sie jede Zeile mit: **Peter (oder Gabi) sagte (meinte, behauptete, fragte, erklärte, glaubte, antwortete** usw.).

BEISPIEL: PETER: „Ich glaube, daß es bis 2005 den ECU gibt!"

Peter sagte, er glaube, daß es bis 2005 den ECU gebe.

1. GABI: „Ja, aber man muß noch viele Probleme lösen. Bis jetzt ist die EU noch mehr ein Konzept als Wirklichkeit."

   _____

   _____

2. PETER: „Du hast recht, es funktioniert noch nicht alles."

   _____

   _____

3. GABI: „Besonders über Qualität und Sicherheit ihrer Produkte sind sich die EU Länder nicht immer einig."

   _____

   _____

4. PETER: „Ja, in Deutschland muß jedes Auto durch den TÜV gehen."

   _____

   _____

5. GABI: „Und in anderen EU Ländern darf ein Auto noch immer ohne TÜV fahren."

   _____

   _____

6. PETER: „Aber in bezug auf Zölle steht die Sache gut. Seit 1993 gibt es keine Zölle mehr zwischen den EU Ländern."

   _____

   _____

7. GABI: „Ja, das finde ich auch sehr gut. Aber ich weiß nicht, ob die Konsumenten davon schon profitieren."

   _____

   _____

8. PETER: „Das glaube ich schon. Man sieht das schon an den Preisen. Ohne Zoll kann man jetzt schon vieles billiger kaufen und verkaufen."

   _____

   _____

9. GABI: „Und wie steht es mit der gemeinsamen Währung, dem ECU? Hat man sie schon wirklich eingeführt?"

_____

_____

10. PETER: „Ja, den ECU gibt es schon als Konzept. Aber im täglichen Leben verwendet man ihn noch nicht."

_____

_____

11. GABI: „Das kann sich aber ändern."

_____

12. PETER: „Das ist sicher, besonders wenn es im Jahr 2000 die Vereinigten Staaten von Europa gibt!"

_____

_____

C. *Synonyme – wie kann man das noch anders ausdrücken?* Finden Sie Synonyme für die <u>unterstrichenen</u> Wörter. Schreiben Sie den ganzen Satz noch einmal, aber mit synonymen Ausdrücken. Wählen Sie ein passendes Synonym von diesen Wörtern:

> reisen • denken • sich entwickeln • behaupten •
> richtig sein • unterschreiben • testen • passieren •
> einer Meinung sein • verlangen • erhalten • Ferien

BEISPIEL: Kann es uns <u>egal</u> sein, was andere <u>Länder</u> <u>machen</u>?
Kann es uns gleich sein, was andere Staaten tun?

1. Wie <u>entstand</u> die neue Europäische Gemeinschaft?

_____

2. Wer hat den Vertrag <u>unterzeichnet</u>?

_____

3. Sie <u>fordern</u> Qualität für jedes Produkt.

_____

4. <u>Was</u> <u>hältst</u> du von ihm?

_____

5. Wir sind uns nicht immer einig.

_____

6. Was hat sich in diesen Ländern ereignet?

_____

7. Ich habe keine neuen Informationen bekommen.

_____

8. Der TÜV überprüfte meinen Wagen.

_____

9. Im Urlaub fahren viele Familien ins Ausland.

_____

10. Viele Politiker sagen etwas, was nicht stimmt.

_____

D. *Welches Land ist das?* (a) Identifizieren Sie das Land. Alle Länder gehören zur Europäischen Union. (b) Schreiben Sie in ein paar Sätzen, was Sie über dieses Land wissen.

BEISPIEL: Dieses Land ist sehr grün. Viele Menschen dieses Landes sind nach Amerika ausgewandert.

   a. Es heißt *Irland* _____ .

   b. *Irland ist sehr grün, weil es dort viel regnet. Seine Hauptstadt ist* _____
      Dublin. Die meisten Iren sind katholisch. Dort gibt es auch einen _____
      sehr guten Wiskey. _____

1. Es leben heute fast 80 Millionen Menschen in dieser Nation. 1990 gab es dort eine Wiedervereinigung.

   a. Es heißt _____ .

   b. _____

      _____

      _____

2. Dieses Land grenzt an Deutschland und Belgien. Man spricht dort eine germanische Sprache. Radfahren ist dort sehr populär.

   a. Es heißt _____ .

   b. _____

      _____

      _____

3. Die Hauptstadt dieses Landes heißt Athen. Dort begannen die Olympischen Spiele.

   a. Es heißt _____ .

   b. _____

   _____

   _____

4. Dieses Land ist berühmt für seine Musik und seine schönen Berge. Dort ißt man auch gern Wienerschnitzel.

   a. Es heißt _____ .

   b. _____

   _____

   _____

5. In diesem Land hält man viel auf Tradition, und man trinkt gern Tee um 16 Uhr. Es besaß früher viele Kolonien.

   a. Es heißt _____ .

   b. _____

   _____

   _____

6. Dieses Land hat viele Seen und einen langen Winter. Es ist erst 1995 der Europäischen Union beigetreten. Seine Hauptstadt ist Stockholm.

   a. Es heißt _____ .

   b. _____

   _____

   _____

7. Dieses Land ist bekannt für gute Küche, Weine, Käse und elegante Mode. In seiner Hauptstadt gibt es den Louvre, eines der größten Museen der Welt.

   a. Es heißt _____ .

   b. _____

   _____

   _____

8. Es ist das kleinste Land der Europäischen Union, aber eines der reichsten. Seine Hauptstadt hat den selben Namen wie das Land selbst.

a. Es heißt _____ .

b. _____

_____

_____

9. Dieses Land liebt seine Opern und seine berühmten Sänger. Es hat ein warmes Klima, und man ißt dort viel Spaghetti.

a. Es heißt _____ .

b. _____

_____

_____

10. Es ist das westlichste Land der Europäischen Union. Seine Sprache spricht man auch in Brasilien.

a. Es heißt _____ .

b. _____

_____

_____

11. Dieses Land liegt im Nordosten Europas. 1952 gab es dort die Sommerolympiade. Seine Sprache ist *keine* germanische Sprache. Es wurde auch erst 1995 Mitglied der EU.

a. Es heißt _____ .

b. _____

_____

_____

SCHRIFTLICHES

A. *Über die „Dritte Welt"*. Lesen Sie den folgenden Text,[2] und beantworten Sie die Fragen in vollständigen Sätzen.

[2] Aus: *Juma*, Tiefdruck Schwann-Bagel GmbH, Mönchengladbach, 2/92, S. 19.

DRITTE WELT

Zu den Entwicklungsländern, auch „Dritte Welt" genannt, zählt man rund 130 Länder, die im Vergleich zu den westlichen Industrienationen („Erste Welt") und den Ländern Osteuropas („Zweite Welt") wirtschaftlich unterentwickelt sind. Einige Länder der „Dritten Welt" bauen seit kurzem eine Industrie auf. Sie nennt man „Schwellenländer". Die ärmsten Länder heißen auch „Vierte Welt".

Die größten Probleme der „Dritten Welt" sind die Auslandsverschuldung, die Überbevölkerung, der Analphabetismus und die Arbeitslosigkeit. Die Industriestaaten versuchen, durch finanzielle, technische, materielle und personelle Unterstützung zu helfen. In der Bundesrepublik waren das 1991 rund 7,96 Milliarden Mark.

Vertreter der Entwicklungsländer bezeichnen die Hilfe der Industrieländer als unzureichend. 1990 lebten weltweit immer noch über 1 Milliarde Menschen unterhalb eines Grundbedarfs*, der von den Vereinten Nationen ermittelt wurde.

* basic needs

1. Wie wird der Begriff „Dritte Welt" definiert?

   _____

   _____

2. Was versteht man unter dem Begriff „Erste Welt" und „Zweite Welt"?

   _____

   _____

3. Was zählt man zu den größten Problemen der „Dritten Welt"?

   _____

   _____

B. **Die Zukunft.** Es ist das Jahr 2020. Aus der Europäischen Union sind bereits *Die Vereinigten Staaten Europas* geworden. Sie, als Amerikanerin/Amerikaner, sehen die Konsequenzen, die diese *Vereinigten Staaten von Europa* für Ihr Land – die USA – haben. Schreiben Sie einen kurzen Aufsatz (Bericht oder persönliche Meinung) über dieses Thema. Sie dürfen Optimist oder Pessimist sein. (10-15 Sätze)

   _____

   _____

   _____

   _____

_____

_____

_____

_____

_____

_____

_____

_____

_____

Hörverständnis

Die Europäische Union. Sie hören eine Diskussion über die „Die Europäische Union". Drei Studenten – Antje, Boris und Mathias – unterhalten sich. Sie hören das Gespräch zweimal. Kreuzen Sie (✓) dann an, was in dem Gespräch gesagt wird. Kreuzen Sie nur das an, was wirklich in der Diskussion gesagt wird. Dieses Vokabular soll Ihnen bei dieser Übung helfen:

ZUM TEXTVERSTÄNDNIS

der Beitritt	*joining*
die Vereinigung	*unification*
Beitrittsanträge stellen	*to submit applications for joining*
die Mitglieder	*members*
herstellen	*to produce*
achten auf	*to pay attention to*
zwingen	*to force*
der Zoll	*customs*
überreden	*to persuade*
sich gewöhnen an	*to get used to*

_____ 1. Der TÜV wird weiter die Ware kontrollieren.

_____ 2. Die Schweiz wird nie Mitglied der EU werden.

_____ 3. Ungarn und Polen haben keine Beitrittsanträge gestellt.

_____ 4. Alle drei Studenten glauben, daß ohne Zoll alles billiger werden wird.

_____ 5. Antje und Boris glauben nicht, daß die EU eine politische Isolierung bedeutet.

_____ 6. Mathias glaubt, daß eine wirtschaftliche Vereinigung auch eine politische Vereinigung bedeutet.

_____ 7. Mathias gibt zu, daß er sich noch informieren muß.

_____ 8. Antje will Mathias dazu überreden, daß er für die EU stimmt.

GESPRÄCHSIDEEN

Ein Rollenspiel in Kleingruppen Hier sind einige Situationen, von denen Sie wählen können. Jede Gruppe wählt nur eine Situation.

Situation 1: *Vater und Tochter sprechen darüber, daß die Tochter die Schule wechseln will und im Ausland studieren will. Der Vater will ihre Entscheidung ändern.*

VATER: ...

TOCHTER: ...

Situation 2: *Ein Professor und einige Studenten diskutieren, ob man allen EU Mitgliedern erlauben soll, in Deutschland zu arbeiten. Die Studenten haben Angst vor Arbeitslosigkeit.*

PROFESSOR: ...

STUDENTEN: ...

Situation 3: *Onkel und Vater sprechen über die Zukunft des Sohnes. Der Onkel soll ihm eine Stelle finden.*

ONKEL: ...

VATER: ...

KAPITEL 10

Aus deutscher Dichtung

LESEVERSTÄNDNIS

A. *Eine Fabel.* Lesen Sie diese kurze Fabel aus der Schweiz.[1] Verwenden Sie ein Wörterbuch.

DER FUCHS UND DIE SCHNECKE (*VEREINFACHT*)

Meister Fuchs hatte einmal an einem warmen Sommertag in der Schwägalp gelagert; da erblickte er neben sich eine Schnecke. Der Fuchs trug flugs eine Wette an: wer von ihnen beiden schneller nach St. Gallen laufen könne. Topp*, sagte die Schnecke und machte sich ohne Verzug auf den Weg – zwar ein wenig langsam, denn das Haus auf dem Rücken nahm sie gewohnheitshalber auch mit. Der Fuchs hingegen lagerte sich gemächlich, um erst am kühlen Abend abzuziehn, und so schlummerte er ein. Diesen Anlaß benützte die Schnecke und verkroch sich heimlich in seinen dicken Schwanz. Gegen Abend begab sich nun der Fuchs auf den Weg und war verwundert, daß er der Schnecke nirgends begegnete. Er vermutete, sie hatte einen kürzeren Weg genommen. Als er aber vor dem Tore von St. Gallen noch immer nichts von ihr sah, da wandte er sich stolz um und rief höhnisch: „Schneck, kommst bald?"

„Ich bin schon da!" antwortete die Schnecke; denn sie hatte sich unvermerkt aus seinem Schwanz losgemacht und schlich gerade unterm Tor durch. Da mußte der hochmütige Fuchs die Wette verloren geben.

* agreed

[1] Aus: *Märchenschatz der Welt: Märchen aus der Schweiz.* Weltbild Verlag GmbH, Augsburg, 1994. S. 106–108.

B. *Fragen.* Beantworten Sie die Fragen.

1. Was hat Sie in dieser Fabel überrascht?

   _____

   _____

2. Wie heißt die Schweizer Stadt, die in der Fabel erwähnt wird?

   _____

   _____

3. Beschreiben Sie die Schnecke, als ob sie ein Mensch wäre. Welche Eigenschaften hat dieser Mensch? Wie würde er reagieren? usw.

   Eigenschaften: _____

   _____

   _____

   Reaktionen: _____

   _____

   _____

4. Identifizieren Sie sich mit dem Fuchs oder der Schnecke? Warum?

   _____

   _____

5. Hat diese Fabel eine Moral? Was glauben Sie?

   _____

   _____

$\mathcal{S}$TRUKTUR- UND WORTÜBUNGEN

For more intensive practice, see computer software.

A. *Satzzeichen – wir brauchen sie.* Komma, Punkt, Fragezeichen, Doppelpunkt, Anführungs-zeichen – wohin gehören sie? Setzen Sie die fehlenden Satzzeichen an den richtigen Stellen ein.

1. Das Gedicht „Sachliche Romanze" von Erich Kästner das wir in unserem Text gelesen haben erzählt uns etwas von einer Liebe die abhanden gekommen ist

2. Wie gefällt dir das Volkslied „Heimliche Liebe" dessen Autor wir nicht kennen. Was bedeutet die letzte Zeile „Wie treu ich es mein"

3. Wenn ich einen Brief auf deutsch schreibe kann ich ihn so beginnen und beenden:

München den 1. Mai 199____

Liebe Karin

ich denke gern an die Zeit als ich bei Dir und Deiner Familie zu Gast war
Hoffentlich kannst Du im Sommer zu uns kommen wenn Dein Semester an der Uni zu
Ende ist Das wäre prima ... usw.

Laß bald von Dir hören
        Liebe Grüße
        Bernd

B. *Hier stimmt etwas nicht.* In diesen Sätzen sind einige Wörter, die man leicht verwechseln kann, verwechselt worden. Schreiben Sie die Sätze, wie sie wirklich heißen sollen. (Siehe Text Seite 272.)

1. Der Pastor *lernte* den Kindern geistige Lieder.

   _____

2. Mein Freund *lächelte* laut, als ich ihm den Witz erzählte.

   _____

3. *Herzigen* Glückwunsch zu Deinem Geburtstag.

   _____

4. Wir kaufen dieses Haus, *den* wir finden *denn* Preis *ungläubig* gut.

   _____

5. In unserem Essen gibt es zu viele *künstlerische* Stoffe.

   _____

6. Der Verbrecher hat mich *erschossen*, aber ich *liebe* noch.

   _____

7. Der Arbeiter *druckte* auf einen Knopf, und die Maschine *drückte* sofort 10 Seiten.

   _____

8. *Das* du am Wochenende nicht kommen kannst, *daß* tut uns wirklich leid.

   _____

C. *Machen, machen, machen!* Wie kann man es noch anders sagen – ohne „machen"?

BEISPIEL: Kinder machen oft Lärm.
           Kinder sind oft laut. _____

1. Geschäftsleute machen viele Reisen.

_____

2. Morgen muß ich eine Prüfung machen.

_____

3. Der Vater macht das Essen für seine Familie.

_____

4. Peter, da hast du einen Fehler gemacht!

_____

5. Wir machen schon Pläne für den Sommer.

_____

6. Martins Freundin macht ihm einen Pullover.

_____

7. Für diesen Kurs müssen wir viele Hausaufgaben machen.

_____

8. Ein deutscher Architekt machte die Pläne für unser Haus.

_____

D. *Eine Ergänzung bitte!* Wie würden Sie diese Sätze ergänzen?

1. Ich lese gerne Gedichte, weil ...

_____

2. Man sollte Gedichte auswendig lernen, denn ...

_____

3. Wenn man die Literatur eines Volkes kennenlernt, ...

_____

4. Wer Fremdsprachen lernt, ...

_____

5. Kommas sind im Deutschen wichtig, ...

_____

6. Obwohl ich Deutsch erst seit ... lerne, ...

_____

7. Wenn man wichtige Wörter verwechselt, ...

_____

8. Manchmal verstehe ich deutsche Gedichte nicht, ...

_____

E. Nominalverbindungen. Sie finden die folgenden Nominalverbindungen (Nomen + Verb) im Kapitel 10 von *Deutsch-Immer Besser*. Verwenden Sie jede in einem Satz Ihrer Wahl.

BEISPIEL: sich an die Regeln halten

Beim Sport muß man sich an die Regeln halten.

1. eine Frage stellen

_____

2. einen Eindruck bekommen

_____

3. einen Entschluß fassen

_____

4. bei einer Prüfung durchfallen

_____

5. Spaß haben

_____

6. einen Text interpretieren

_____

7. Lust haben

_____

8. (sich) ein Ziel setzen

_____

9. einen Vertrag unterzeichnen

_____

10. eine Stimmung schaffen

_____

 CHRIFTLICHES

A. *Drei Gedichte.* Hier sind drei kurze Gedichte[2] des Münchner Dichters Eugen Roth (1895-1989) aus seinem Buch *Ein Mensch*. Roth schreibt in humorvoller Weise über menschliche Schwächen. Schreiben Sie Antworten, Gedanken, Meinungen über jedes dieser Gedichte.

DER KENNER

Ein Mensch sitzt stolz, programmbewehrt°,	with a program in his hand
In einem besseren Konzert,	
Fühlt sich als Kenner überlegen –	
Die anderen sind nichts dagegen.	
Musik in den Gehörgang rinnt°,	**Gehörgang rinnt:** enters the ear
Der Mensch lauscht kühn, verklärt° und sinnt.	radiant
Kaum daß den ersten Satz sie enden,	
Rauscht er schon rasend mit den Händen	
Und spricht vernehmliche° und kluge	distinct
Gedanken über eine Fuge	
Und seufzt dann, vor Begeisterung schwach:	
„Nein, wirklich himmlisch, dieser Bach!"	
Sein Nachbar aber grinst° abscheulich:	smirks
„Sie haben das Programm von neulich!"	
Und sieh, woran er gar nicht dachte:	
Man spielt heut abend Bruckners Achte.	
Und jäh, wie Simson seine Kraft,	
Verliert der Mensch die Kennerschaft.	

1. Schreiben Sie eine kurze sachliche Zusammenfassung des Inhaltes dieses Gedichtes. Was ist hier die Situation, was ereignet sich dort?

   Jemand geht in ein Konzert. Er liest das Programm und glaubt, daß er ein

   Experte ist ... usw. _____

   _____

   _____

   _____

   _____

   _____

2. Über welche menschlichen Schwächen schreibt Eugen Roth hier, z.B. Stolz, Angst, Freude, Angeberei?

   _____

   _____

[2] Aus: Eugen Roth, *Ein Mensch*, Carl Hanser Verlag, München, 1969.

3. Was bedeuten die folgenden Ausdrücke? Wie kann man sie auf deutsch noch anders sagen?

BEISPIEL: Er rauscht schon rasend mit den Händen.
Er klatscht (applaudiert) laut.

a. sich überlegen fühlen (Zeile 2)

_____

b. die anderen sind nichts dagegen (Zeile 3)

_____

c. der Mensch verliert die Kennerschaft (Zeile 18)

_____

4. Worin liegt hier der Humor? Schreiben Sie auf englisch oder auf deutsch. Unterstreichen Sie die Zeilen im Gedicht auf Seite 114, die besonders humorvoll sind.

_____

_____

B. *Noch ein Gedicht.* Lesen Sie das nächste Gedicht, und beantworten Sie die Fragen.

ENTBEHRLICHE NEUIGKEITEN

Ein Mensch, der Zeitung liest, erfährt:
„Die Lage völlig ungeklärt."
Weil dies seit Adam so gewesen,
Wozu denn da noch Zeitung lesen?

1. Was ist die Idee des nächsten Gedichtes? Schreiben Sie ein paar Sätze darüber.

_____

_____

_____

_____

2. Lesen Sie Zeitung? Warum (nicht)?

_____

_____

_____

_____

C. *Ein drittes Gedicht.* Lesen Sie das folgende Gedicht und beantworten Sie die Fragen.

FÜR FORTSCHRITTLER

Ein Mensch liest staunend, fast entsetzt,
Daß die moderne Technik jetzt
Den Raum, die Zeit total besiegt:
Drei Stunden man nach London fliegt.
Der Fortschritt herrscht in aller Welt.
Jedoch, der Mensch besitzt kein Geld.
Für ihn liegt London grad so weit
Wie in der guten alten Zeit.

1. Was macht der Fortschritt für die Menschen heute möglich?

   _____

   _____

2. Warum und wann kann der Fortschritt nicht alle Probleme lösen?

   _____

   _____

   _____

3. Haben Sie noch andere, persönliche Ideen zum Thema „Fortschritt"?

   _____

   _____

   _____

HÖRVERSTÄNDNIS

Die Sterntaler (vereinfacht). Sie hören ein kurzes Märchen von Jacob und Wilhelm Grimm, „Die Sterntaler". (Sterntaler sind Münzen aus Gold, die vom Himmel fallen.) Sie hören das Märchen zweimal. Danach lesen Sie zehn Aussagen. Kreuzen Sie nur die Sätze an, die stimmen.

_____ 1. Das Märchen handelt von einem bösen armen Mädchen.

_____ 2. Das Kind hatte eine schlechte Stiefmutter.

_____ 3. Es wohnte in einem kleinen Haus und hatte ein kleines Zimmerchen mit einem kleinen Bettchen.

_____ 4. Das Mädchen ging weg, weil es keine Eltern und keine Freunde hatte.

_____ 5. Es begegnete einem armen Mann, dem sie ihr letztes Stück Brot gab.

_____ 6. Das Mädchen verschenkte alles, was sie hatte.

_____ 7. Sie hatte Angst, weil sie keine Kleider trug.

_____ 8. Auf einmal fiel viel Geld vom Himmel.

_____ 9. Das fromme Mädchen bekam auch ein neues Hemdchen aus feinstem Linnen.

_____ 10. Die Moral des Märchens ist:

     a. Wenn man nichts verschenkt, wird man gut belohnt.

     b. Wenn man gut zu anderen Leuten ist, wird man belohnt.

     c. Es gibt keine Moral.

GESPRÄCHSIDEEN

A. **Ihr eigenes Märchen.** Mit einem Partner/einer Partnerin erzählen Sie bekannte oder ein eigenes Märchen. Verwenden Sie das Präteritum (Imperfekt), und beginnen Sie mit „Es war einmal..." Hier sind einige Wörter, die Sie verwenden können.

---

die Hütte • das Pferd • der Wolf • die Blume • das Schloß •

der Apfel • der König • die Königin • der Bettler • die Prinzessin • der Räuber •

die Hexe • das Kind • der Vogel • die Maus • der Drache • der Ring

alt • golden • lang • groß • einsam • klein • böse

Es war einmal ...

B. **Eine Werbung.** Sehen Sie sich das Bild an: es ist eine Werbung[3] für den Polizeinotrufdienst. Diskutieren Sie dann mit einem Partner/einer Partnerin.

[3] Aus: *Tip: Landeskunde im Deutschunterricht* (Lehrbegleitheft zu *Juma*), Tiefdruck Schwann-Bagel GmbH, Mönchengladbach, 1/95, S. 26.

1. Erfinden Sie eine Vorgeschichte für eine extreme Situation, z.B. Unfall, Diebstahl, Herzinfarkt usw. Warum rufen Sie die Polizei an?

2. Was sagen Sie am Telefon? Sprechen Sie mit einem Partner/einer Partnerin mit verteilten Rollen.

   SIE: Hilfe, bitte! Helfen Sie mir!!!

   STIMME BEIM
   POLIZEINOTRUF: Hier Polizeinotruf. Was können wir für Sie tun?

   SIE: ...

   usw.

3. Wie könnte es weitergehen? Spielen Sie die Situation aus, und tragen Sie sie der Klasse vor.

Antwortschlüssel

NOTE: This key provides answers for selected *structural* and *vocabulary* exercises.

 **APITEL 1**

Struktur- und wortübungen

A. *Welches Verb paßt?*

1. wird;   2. hat;   3. sind;   4. haben;   5. habe;   6. ist;   7. Bist;   8. wird.

B. *Wann? Wo? Was?*

Wann;   wie lange;   wie;   Warum;   Wie viele.

C. *Ein passendes Substantiv bitte.*

1. diesen Herrn;   2. meines Nachbarn;   3. den Touristen;   4. den Glauben;
5. Herren;   6. den Studenten.

D. *Den richtigen Artikel bitte.*

1. der;   2. die;   3. der;   4. das;   5. das;   6. die;   7. das;   8. die;
9. der;   10. die.

E. *Was gehört zusammen? Bilden Sie Wörter.*

das Butterbrot;   der Tomatensaft;   der Kartoffelsalat;   der Sommermantel;
der Stadtbummel;   die Manteltasche;   der Wetterbericht.

F. *Pronomen statt Nomen.*

1. sie...sie;   2. er...sie;   3. er;   4. sie;   5. sie...es;   6. sie...es;
7. er...ihm;   8. ihn.

G. *Einen richtigen Satz bitte!*

1. (Ein) Kaffee hilft mir immer am Morgen.

2. Warum kommt der Bus heute spät?

3. Worauf freuen sich die Studenten am Ende des Semesters?

4. Was weißt du über das Seminar von Professor Müller?

5. Was müssen wir für die Schlußprüfung lesen?

6. Wir wollen am Wochenende in den Bergen wandern.

7. Kommst du heute abend zur Party mit?

H. *Hier stimmt etwas nicht.*

1. Die Studentin findet den Job.

2. Der Koffer gehört dem Jungen.

3. Das Auto steht auf dem Parkplatz.

4. Der Käufer fragt den Verkäufer nach dem Preis.

5. Die Mutter liest den Brief.

6. Die Ärztin hilft dem Patienten.

7. Die Banken sammeln die Schecks.

8. Das Mädchen ißt die Suppe.

9. Der Hund beißt den Studenten.

10. Der Fischer fängt den Fisch.

I. *Welches Wort paßt?*

1. belegt;   2. schreiben, ablegen;   3. durchgefallen;   4. treibt;   5. Beziehungen;
6. Abschied;   7. entspannen;   8. erholen;   9. stundenlang;   10. Studium.

KAPITEL 2

Struktur- und wortübungen

A. *Ergänzen Sie.*

1. Vorurteil;   2. Rassentrennung;   3. nachschlagen;   4. Rasse;   5. verstehen;
6. beweisen;   7. weiß.

B. *Synonyme.*

1. gesagt; Das hat uns Peter nie gesagt.

2. klüger; Wer ist klüger, Maria oder Elke?

3. unterhalten; Mit wem hast du dich gestern darüber unterhalten?

4. hieß; „Apartheid", so hieß die Trennung der Rassen in Südafrika.

5. Das ist doch falsch.

6. zu machen; Hier gibt es nichts zu machen.

7. geschehen; Was ist dort geschehen?

8. erzählt; Sie hat uns nichts über dieses Problem erzählt.

C. *Welches Adjektiv paßt hier?*

1. arrogant; 2. verantwortungslos; 3. zufrieden; 4. intelligent; 5. dumm;
6. hilfsbereit; 7. satt; 8. täglich.

D. *Rassismus – hat es ihn immer gegeben?*

Wir haben jetzt die Geschichte „Rassismus" in unserem Deutschkurs gelesen. Ich habe zwar nicht jedes Wort verstanden, aber ich habe über den Sinn der Geschichte nachgedacht. Hat der Vater die anderen Rassen herabgesetzt, hat er fair über sie geurteilt? Hat er seine Theorie bewiesen? Ist ihm das gelungen? Hat er die Leistungen anderer Rassen anerkannt? Wieviel hat er eigentlich über sie gewußt?

Ja, diese Geschichte hat viele Fragen über den Rassismus beantwortet. Ich habe mich oft über die Intoleranz mancher Menschen gewundert. Hat es sie überall gegeben? Hat sich die Geschichte der Menschheit wiederholt ... ?

KAPITEL 3

Struktur- und wortübungen

A. *Possessivadjektive.*

1. meinen; 2. seiner; 3. Unsere; 4. ihren; 5. deine.

B. *Personalpronomen.*

1. ihm...mir; 2. ihnen; 3. uns; 4. mich; 5. dich; 6. euch.

D. *Hinauf in die Berge: Aus dem Tagebuch eines Wanderers.*

Heute *war* ein schöner Tag. Die Sonne *schien,* und man *sah* kaum eine Wolke am Himmel. Wer *wollte* da zu Haus bleiben! Wir *entschieden* uns schnell für einen Ausflug in die Berge. Am Wochenende *fuhren* wir oft dorthin. Und es *gab* genug Züge und Busse, die uns dorthin *brachten.*

Freilich, wir *mußten* früh aufstehen und *packten* noch schnell unsere Rucksäcke. Mit dem Zug *ging's* bis Steinach, und von dort *nahmen* wir den Bus nach Donnersbach. Dann *begann* der lange Aufstieg. Der Weg *führte* steil zuerst durch den Wald und dann über Almen auf den Berg. Es *war* eine anstrengende, aber wunderschöne Wanderung. Da *kam* man auch ins Schwitzen, und man *wurde* müde. Aber wir *gaben* nicht *auf.* Zweimal *machten* wir Rast und *tranken* Limonade. Auf einer solchen Wanderung *saß* man von Zeit zu Zeit ganz gern ein paar Minuten und *ruhte* sich ein bißchen *aus.*

Vier Stunden später *standen* wir dann auf dem Gipfel. Von dort *sah* man an diesem klaren Tag viele Täler. Da *vergaß* man dann alle Anstrengungen und Müdigkeit. Der Rundblick *lohnte* sich wirklich.

Wir *blieben* noch eine halbe Stunde auf dem Gipfel. Dann *begann* der Abstieg. Der *war* viel leichter und *dauerte* nur etwa zwei Stunden. In Donnersbach *wartete* schon der Bus und wir *konnten* sofort einsteigen. Ich *war* so müde, daß ich fast *einschlief.* Um 8 Uhr abends *kamen* wir zu Hause *an.* Wir *aßen* noch eine Kleinigkeit und *sprachen* noch über den schönen Tag. Und wir *dachten* bereits an den nächsten Ausflug in die Berge!

E. *Bitte nicht verwechseln!*

1. dachte;   2. dankte;   3. bekamst;   4. wurde;   5. dankte;   6. Kannst (Konntest);   7. kanntest (kennst).

F. *Und jetzt mit einem Satz.*

1. und;   2. aber/und;   3. denn;   4. denn;   5. sondern;   6. oder.

G. *Bekannte Wortverbindungen.*

1. der Kalte Krieg;   2. der Eiserne Vorhang;   3. die Berliner Mauer;   4. die Wiedervereinigung;   5. der Österreichische Staatsvertrag;   6. der Weltkrieg.

APITEL 4

Struktur- und wortübungen

A. *Vorschlag oder Befehl?*

1. Übersetz(e) den Brief bitte ins Deutsche.

2. Singt uns das Lied von Reinhard Mey vor.

3. Mach(e) den Kühlschrank bitte wieder zu.

4. Sprich nicht immer so schnell.

5. Trinkt auf der Party nicht soviel Alkohol.

6. Kauf(e) die neue CD, nicht die Platte.

7. Genieß(e) deine Ferien in Deutschland.

8. Lassie, hör(e) sofort mit dem Bellen auf.

9. Jello, beiß(e) den Mann in den Hintern.

10. Bessi, hol(e) den Knochen.

11. Lassie, laß niemand bei der Tür herein.

12. Schatzi, spring nicht immer auf das Bett.

B. *Wünsche für meinen Hund – und für mich.*

1. Wenn ich nur einen Hund hätte! (oder) Hätte ich nur einen Hund!

2. Wenn ich nur mehr Zeit für meinen Hund hätte! (oder) Hätte ich nur mehr Zeit für meinen Hund!

3. Wenn er nur den Briefträger nicht so oft bisse! (oder) Würde er nur den Briefträger nicht so oft beißen! (Bisse er den Briefträger nur nicht so oft!)

4. Wenn Bessi nur nicht so laut bellte! (oder) Würde Bessi nur nicht so laut bellen! (Bellte Bessi nur nicht so laut!)

5. Wenn er nur nicht auf unserem Bett schliefe! (oder) Würde er nur nicht auf unserem Bett schlafen! (Schliefe er nur nicht auf unserem Bett!)

6. Wenn ich nur mein Hund wäre! (oder) Wäre ich nur mein Hund!

C. *Zu spät!*

1. Wenn ich nur mehr Zeit gehabt hätte, ...

2. Wenn wir nur gewußt hätten, ...

3. Wenn er Inge nur geholfen hätte, ...

4. Wenn ihr uns nur geschrieben hättet, ...

5. Wenn sie doch zu ihm gegangen wären, ...

E. *Was paßt zusammen?*

1. Morgen stelle ich mich bei meinem neuen Boß vor. (g)

2. Warum wundert ihr euch über diese Frage? (e)

   Warum wundert ihr euch, daß Inge nicht angerufen hat? (h)

3. Dieter bewirbt sich um ein Stipendium. (l)

4. Die Amerikaner stellen sich gegen diesen Vorschlag. (b)

5. Können Sie sich ein neues Auto leisten? (a)

   Können Sie sich das nicht vorstellen? (c)

   Können Sie sich im Urlaub gut entspannen? (d)

   Können Sie sich an dem Projekt beteiligen? (j)

6. Wir sollten uns jetzt fertig machen. (f)

   Wir sollten uns an dem Projekt beteiligen. (j)

7. Glaub' mir, das wird sich nicht lohnen. (i)

8. Kinder, ihr müßt euch jetzt fertig machen. (f)

9. Meine Eltern haben sich am Wochenende stark erkältet. (k)

10. Karin hat sich am Wochenende stark erkältet. (k)

11. Kannst du dir ein neues Auto leisten? (a)

    Kannst du dir das nicht vorstellen? (c)

12. Ich möchte mich im Urlaub gut entspannen. (d)

    Ich möchte mich jetzt fertig machen. (f)

    Ich möchte mich an dem Projekt beteiligen. (j)

F. Wo-, da- und welche Präposition?

1. Worüber, darüber

2. Wofür, dafür

3. Womit, damit

4. darauf

5. Wogegen, dagegen

KAPITEL 5

Struktur- und wortübungen

A. Alles besser!

1. teureres;   2. höhere;   3. besser;   4. gemütlicheres;   5. komfortablere;
6. wärmeren;   7. interessanter;   8. lieber;   9. mehr;   10. eleganteren.

B. Oh weh - mein Auto ist kaputt!

einen guten alten Freund;   mein altes Auto;   ein zwölfjähriger roter VW;   seit letztem Freitag;   es war der dreizehnte;   Ein schwarzer Mercedes;   mit einem sehr aggressiven Fahrer;   mein lieber Volkswagen;   in meiner kleinen Garage; auf einem häßlichen Autofriedhof;   ein kalter Tag;   glatt;   eisig;   der schnell fahrende Mercedes;   sein ungeduldiger Fahrer;   es war ein Deutscher;   bei schlechtem Wetter, naßer Straße und dichtem Verkehr;   des großen schwarzen Mercedes;   in meinen kleinen VW;   Ein unfaires Match;   keinen schweren Unfall;   für meinen alten Volkswagen;   seiner sehr langen Karriere;   nach diesem unglücklichen Unfall;   total kaputt;   ein anderes Auto;   wegen meines teuren Studiums;   einen alten Volkswagen.

C. Trampen, Führerschein, Gelbe Engel und Autobahnen.

trampen;   gefährlich;   Schild;   Daumen;   per Anhalter;   Autonummer; Schlafsack und Tränengassprüh;   Führerschein;   Fahrschule;   Fahrprüfung; Geld;   billig;   Gelber Engel;   gelben;   Nacht;   Werkzeuge;   reparieren; abgeschleppt.

KAPITEL 6

Struktur- und wortübungen

B. *Das Passiv.*

1. Der Patient wird nächste Woche von dem Arzt operiert werden.

2. Der Arbeiter ist durch den Computer ersetzt worden.

   Arbeiter sind durch den Computer ersetzt worden.

3. In der Firma wurde mehr als 40 Stunden gearbeitet.

   Es wurde in der Firma mehr als 40 Stunden gearbeitet.

4. Mein altes Auto ist gestern von meinem Nachbarn repariert worden.

C. *Wie sagt man das im Passiv?*

1. Mir wurde nicht geglaubt.

2. Mir wurde auf der Post mit den Paketen geholfen.

3. Hier wird nicht geraucht.

4. In der Kirche wird nicht laut geredet.

5. In der Englischstunde wird nicht Deutsch gesprochen.

D. *Welches Wort paßt?*

1. als;   2. wann;   3. Wann;   4. wenn;   5. als;   6. als;   7. wann;   8. wann;
9. Wenn;   10. wenn

Schriftliches

E. *Über Krieg und Frieden.*

1. Ludwig Thoma kritisierte alle Kriege, weil (da) er alle Kriege haßte.

2. Wir müssen an den Frieden glauben, wenn wir Frieden haben wollen.

3. Ich glaube an die Notwendigkeit der Wehrpflicht, obwohl ich nicht gern Soldat bin.

4. Die Menschen müssen toleranter werden, wenn es keine Kriege mehr geben soll.

5. Wir können nicht warten, bis die Politiker den Frieden garantieren.

6. In Österreich lebt man in Frieden, während in Bosnien seit Jahren gekämpft wird.

7. Sobald (wenn) es keinen Krieg mehr gibt, kann man alle Armeen abschaffen.

8. Viele Amerikaner mußten in Vietnam kämpfen, weil (da) es damals eine Wehrpflicht gab.

9. Wir wissen nicht, ob es zwischen Israel und den Arabern Frieden geben wird.

KAPITEL 7

Struktur- und wortübungen

B. *Trennbare Verben.*

1. Die Popularität der Heimcomputer nimmt zu (steigt an).

2. Die Leselust steigt nicht mehr an (nimmt nicht mehr zu).

3. Ich ziehe heute einen warmen Pullover an.

4. Meine Eltern mögen meine Musik nicht. Ich muß mein Radio ausmachen.

D. *Was ist das?*

1. die Meinungsfreiheit;   2. die Werbung;   3. Wetterbericht;   4. die Unterschrift;
5. die (eine) Anzahlung;   6. Kabel;   7. den Teenagers;   8. Erfolg.

KAPITEL 8

Struktur- und wortübungen

A. *Welches Relativpronomen paßt hier?*

1. a. denen, b. die, c. deren;   2. a. der, b. dem, c. den;   3. a. dem, b. das, c. das;
4. a. die, b. der, c. deren;   5. a. den, b. der, c. den.

B. *Jetzt mit einem Relativsatz.*

1. Mein Bruder, *dessen* Hauptfach Englisch ist, spricht auch Französisch.

2. Alle Österreicher und Schweizer, *deren* Dialekte sehr verschieden sind, lernen Hochdeutsch.

3. Unsere deutschen Freunde, *deren* Briefe wir bekommen haben, besuchen uns diesen Sommer.

4. Unser Bürgermeister, *dessen* Frau aus der Schweiz stammt, ist in Wien geboren.

C. *Wie sag' ich es mit einem Relativsatz?*

1. Ein Fremdwort ist ein Wort, *das* aus einer anderen Sprache kommt.

2. Eine Zeitungsanzeige ist eine Anzeige, *die* in einer Zeitung steht.

3. Eine Ferienwohnung ist eine Wohnung, *die* man in den Ferien mietet.

4. Die Waldkapelle ist eine Kapelle, *die* im Wald steht.

5. Der Sprachraum ist ein Raum, in *dem* (wo) man eine gewisse Sprache spricht.

KAPITEL 9

Struktur- und wortübungen

A. *Ich berichte nur, was ich gehört habe.*

1. ..., er könne jetzt in Deutschland eine Praxis haben.

2. Wenn er jetzt seine Waren in Österreich verkaufe, müsse er keinen Zoll zahlen, ...

3. ..., er habe nicht gewußt, daß Schweden 1995 der Europäischen Union beigetreten sei.

4. Bald werde es in allen EU-Ländern einen TÜV geben, ...

5. Aber den ECU hätten die Europäer noch nicht wirklich eingeführt, ...

6. Sie wisse nicht, ob sich Rußland schon um Aufnahme in die EU bewerben wolle, ...

7. Es sei für die Europäer nicht leicht gewesen, diese EU zu gründen, ...

8. Was habe er in letzter Zeit über die EU gehört, ...

9. Am 1. 1. 1993 habe man die Vereinigten Staaten von Europa gegründet, ...

B. *Unsere Europäische Union!*

1. Gabi sagte, man müsse noch viele Probleme lösen. Bis jetzt sei die EU noch mehr ein Konzept als Wirklichkeit.

2. Peter sagte, du habest (hättest) recht, es funktioniere noch nicht alles.

3. Gabi sagte, besonders über Qualität und Sicherheit ihrer Produkte seien sich die EU Länder nicht immer einig.

4. Peter sagte, ja, in Deutschland müsse jedes Auto durch den TÜV gehen.

5. Gabi sagte, in anderen EU Ländern dürfe ein Auto noch immer ohne TÜV fahren.

6. Peter sagte, in bezug auf Zölle stehe (stünde) die Sache gut. Seit 1993 gebe es keine Zölle mehr zwischen den EU Ländern.

7. Gabi sagte, das fände sie auch sehr gut. Aber sie wisse nicht, ob die Konsumenten davon schon profitierten.

8. Peter sagte, er glaube das schon. Man sehe das schon an den Preisen. Ohne Zoll könne man jetzt schon vieles billiger kaufen und verkaufen.

9. Gabi fragte, wie es mit der gemeinsamen Währung, dem ECU, stehe. Habe man sie schon wirklich eingeführt?

10. Peter sagte, den ECU gebe es schon als Konzept. Aber im täglichen Leben verwende man ihn aber nicht.

11. Gabi sagte, das könne sich aber ändern.

12. Peter sagte, das sei sicher, besonders wenn es im Jahr 2000 die Vereinigten Staaten von Europa gebe.

1. Wie entwickelte sich...

2. ...unterschrieben?

3. Sie verlangen...

4. Wie denkst...

5. Wir sind nicht immer einer Meinung.

6. Was ist in diesen Ländern passiert?

7. ...erhalten

8. Der TÜV testet mein Auto.

9. In den Ferien reisen...

10. ...behaupten...richtig ist.

D. *Welches Land ist das?*

1. a. Deutschland;   2. a. Holland (die Niederlande);   3. a. Griechenland;
4. a. Österreich;   5. a. Großbritannien;   6. a. Schweden;   7. a. Frankreich;
8. a. Luxemburg;   9. a. Italien;   10. a. Portugal;   11. a. Finnland.

KAPITEL 10

Struktur- und wortübungen

A. *Satzzeichen – wir brauchen sie.*

1. Das Gedicht „Sachliche Romanze" von Erich Kästner, das wir in unserem Text gelesen haben, erzählt uns etwas von einer Liebe, die abhanden gekommen ist.

2. Wie gefällt dir das Volkslied „Heimliche Liebe", dessen Autor wir nicht kennen? Was bedeutet die letzte Zeile: „Wie treu ich es mein"?

3. Wenn ich einen Brief auf deutsch schreibe, kann ich ihn so beginnen und beenden:

> *München, den 1. Mai 199___*
>
> *Liebe Karin,*
>
> *ich denke gern an die Zeit, als ich bei Dir und Deiner Familie zu Gast war. Hoffentlich kannst Du im Sommer zu uns kommen, wenn Dein Semester an der Uni zu Ende ist. Das wäre prima ... usw.*
>
> *Laß bald von Dir hören.*
> *Liebe Grüße*
> *Bernd*

B. Hier stimmt etwas nicht.

1. ... lehrte...

2. ... lachte...

3. Herzlichen...

4. ..., denn...den Preis unglaublich gut.

5. ... künstliche...

6. ... hat auf mich geschossen, ...lebe...

7. ... drückte... druckte...

8. Daß..., das...

C. Machen, machen, machen!

1. ...reisen viel (unternehmen viele Reisen).

2. ... schreiben (ablegen).

3. ...kocht...

4. ...begangen!

5. ...planen schon...

6. ...strickt...

7. ... schreiben.

8. ...entwarf...

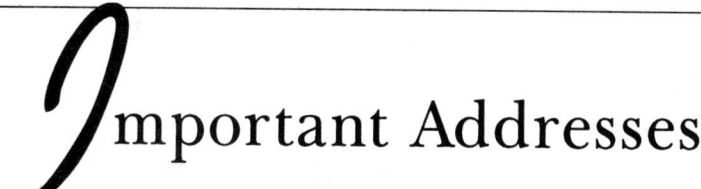

Important Addresses

AUSTRIA

Federal Ministry for Education and Culture
Sektion IV
Minoritenplatz 5
A-1014 Vienna
Tel. (1) 531 20-0
Fax: (1) 531 20-2215

Federal Ministry for Foreign Affairs
Sektion V
Minoritenplatz 9
A-1014 Vienna
Tel. (1) 531 15-0
Fax: (1) 535 45 30

Federal Ministry for Science and Research
Sektion IV
Minoritenplatz 5
A-1014 Vienna
Tel. (1) 531 20-0
Fax: (1) 531 20-6205

Embassy of the United States of America in Vienna

Boltzmanngasse 16
A-1090 Vienna
Tel. (1) 313 39
Fax: (1) 310 06 82

Consulate General of the United States of America in Salzburg
Giselakai 51
A-5130 Salzburg
Tel. (662) 286 01

American-Austrian Educational Association Cooperation
Ballgasse 2
A-1010 Vienna
Tel. (1) 512 12 98-54

Amerika Haus
Friedrich Schmidt-Platz 2
A-1010 Vienna
Tel. (1) 313 39

Association of Central European Americanists
c/o Roberta Maierhofer

Köblergasse 20/1
A-8010 Graz
Tel. (316) 380 24 69
Fax: (316) 384 898

Austrian Academic Exchange Service
Office for International Relations
Berggasse 21/7
A-1090 Vienna
Tel. (1) 317 27 91
Fax: (1) 317 27 95

Austrian Academy of Sciences
Dr. Ignaz Seipel-Platz 2
A-1010 Vienna
Tel. (1) 515 81-0
Fax: (1) 513 95 42

Austrian Science Foundation
Weyringergasse 33-35
A-1040 Vienna
Tel. (1) 505 67 40-0
Fax: (1) 505 67 39

Fulbright Commission
Austrian-American Educa-
tional Commission
Schmidtgasse 14
A-1080 Vienna
Tel. (1) 313 39
Fax: (1) 408 77 65

Salzburg Seminar
Schloss Leopoldskron
P.O. Box 129
A-5010 Salzburg
Tel. (662) 839 83
Fax: (662) 839 837

Institutes for American Studies

Institute for American
Studies
University of Graz
Körblergasse 20/1
A-8010 Graz
Tel. (316) 380-3465
Fax: (316) 384 898

Institute for American
Studies
University of Innsbruck
Innrain 52
A-6020 Innsbruck
Tel. (512) 507-4170
Fax: (512) 507-2879

Chair for American
Literature
University of Vienna
Lammgasse 8
A-1080 Vienna
Tel. (1) 438 679
Fax: (1) 406 64 33

Chair for American Studies
University of Salzburg
Akademiestraße 24-26
A-5020 Salzburg
Tel. (662) 8044-4403
Fax: (662) 8044-613

University Offices for International Relations

University of Vienna
Dr. Karl Lueger-Ring 1
A-1010 Vienna
Tel (1) 401 03-2016
Fax: (1) 408 87 25

Vienna University of
Technology
Karlsplatz 13
A-1040 Vienna
Tel. (1) 588 01-5270

Vienna University of
Agriculture
Gregor Mendel-Straße 33
A-1180 Vienna
Tel. (1) 476 54-287
Fax: (1) 342 424

University of Veterinary
Medicine Vienna
Linke Bahngasse 11
A-1030 Vienna
Tel. (1) 711 550
Fax: (1) 711 55-205

Vienna University of
Economics and Business
Administration
Augasse 2-6
A-1090 Vienna
Tel. (1) 313 36-4310
Fax: (1) 313 36-752

University of Graz
Universitätsplatz 3
A-8010 Graz
Tel. (316) 380-2211
Fax: (316) 384-633

Graz University of Technology
Lechbauerstraße 12
A-8010 Graz
Tel. (316) 873-6139
Fax: (316) 827 679

University of Innsbruck
Innrain 46/IV
A-6020 Innsbruck
Tel. (512) 580 778
Fax: (512) 582 66 15

University of Salzburg
Residenzplatz 1
A-5020 Salzburg
Tel. (662) 8044-2040
Fax: (662) 8044-2060

University of Linz
A-4040 Linz-Auhof
Tel. (732) 2468-645
Fax: (732) 2468-904

University of Klagenfurt
Universitätsstraße 65-67
A-9020 Klagenfurt
Tel. (463) 2700-232
Fax: (463) 2700-102

Leoben School of Mines
Peter-Tunner Straße 15
A-8700 Leoben
Tel. (3842) 460 10-12
Fax: (3842) 402-308

Vienna Academy of Fine Arts
Schillerplatz 3
A-1010 Vienna
Tel. (1) 588 16-135
Fax: (1) 587 79 77

University of Applied Arts
Vienna
Oskar Kokoschka-Platz 2
A-1010 Vienna
Tel. (1) 711 33-125
Fax: (1) 711 33-222

University of Music and
Performing Arts in Vienna
Lothringerstraße 18
A-1030 Vienna
Tel. (1) 588 06-173
Fax: (1) 587 28 97

University of Music and
Dramatic Art in Graz
Leonhardstraße 15
A-8010 Graz
Tel. (316) 389-1210
Fax: (316) 325 04

Mozarteum University of
Music and Dramatic Art,
Salzburg
Mirabellplatz 1
A-5020 Salzburg
Tel. (662) 889 08-633
Fax: (662) 872 436

University of Artistic and
Industrial Design Linz
Hauptplatz 8
A-4010 Linz
Tel. (732) 785 173-36
Fax: (732) 783 508

𝒰NITED STATES OF AMERICA

Austrian Embassy in
Washington
3524 International Court
N.W.
Washington D.C. 20008
Tel (202) 895 67 00
Fax: (202) 895 67 50

Austrian Cultural Institute
950 Third Avenue
New York, N.Y. 10022
Tel. (212) 759 51 65
Fax: (212) 319 96 36

Austrian Consulate
General in Chicago
Wrigley Building, Suite 707
400 North Michigan Avenue
Chicago, Illinois 60611
Tel. (312) 222 15 15
Fax: (312) 222 41 13

Austrian Press and
Information Service
3524 International Court,
N.W.
Washington, D.C. 20008
Tel. (202) 895-6775
Fax: (202) 895-6772

Austrian Consulate
General in Los Angeles
11859 Wilshire Boulevard,
Suite 501
Los Angeles, CA 90025
Tel. (310) 444 93 10
Fax: (310) 477 98 97

Austrian Consulate
General in New York
950 Third Avenue
New York, N.Y. 10022
Tel. (212) 737 64 00
Fax: (212) 772 89 26

Austrian Honorary
Consulate in Atlanta
10 North Parkway Square
4200 North Side Parkway
N.W.
Atlanta, Georgia 30327
Tel. (404) 264 98 58
Fax: (404) 266 48 64

Austrian Honorary
Consulate in Boston
211 Congress Street
Suite 400
Boston, MA 02110
Tel. (617) 426 03 30
Fax: (617) 461 14 12

Austrian Honorary
Consulate in Buffalo
107 Delaware Avenue
Statler Bldg., Suite 500
Buffalo, New York 14202
Tel. (716) 852 70 00

Austrian Honorary
Consulate in Columbus
55 Nationwide Boulevard
Columbus, Ohio 43215
Tel. (614) 224 54 64
Fax: (614) 224 66 03

Austrian Honorary
Consulate in Denver
First Interstate Tower
South, Suite 2450
621 17th Street
Denver, CO 80293-2450
Tel. (303) 292 90 00
Fax: (303) 292 54 45

Austrian Honorary
Consulate in Detroit
300 East Long Lake Road,
Suite 365
Bloomfield Hills
Michigan 48304
Tel. (313) 645 14 44
Fax: (313) 645 14 82

Austrian Honorary
Consulate in Honolulu
1314 South King Street,
Suite 1260
Honolulu, Hawaii 96814
Tel. (808) 923 85 85
Fax: (808) 528 28 00

Austrian Honorary
Consulate in Houston
7887 Katy Freeway, Suite 200
Houston, Texas 77024
Tel. (713) 688 11 26
Fax: (713) 956 86 67

Austrian Honorary Consulate
in Kansas City
City Center Square, 19th
Floor

1100 Main Street
Kansas City
Missouri 64105
Tel. (816) 472 08 00
Fax: (816) 421 11 83

Austrian Honorary
Consulate in Miami
Republic Building, Suite 200
1454 N.W. 17th Avenue
Miami, Florida 33125
Tel. (305) 325 15 61

Austrian Honorary
Consulate in New Orleans
755 Magazine Street
New Orleans
Louisiana 70130-3672
Tel. (504) 581 51 41
Fax: (504) 566 1201

Austrian Honorary
Consulate in Philadelphia
3 Parkway, 20th Floor
Philadelphia
Pennsylvania 19102
Tel. (215) 665 73 48
Fax: (215) 636 93 73

Austrian Honorary
Consulate in Saint Paul
c/o Bosrock & Company Inc.
2490 World Trade center
30 East 7th Street
Saint Paul, MN 55101
Tel. (612) 227 20 52
Fax: (612) 223 83 83

Austrian Honorary
Consulate in San Francisco
41 Sutter Street, Suite 207
San Francisco
California 94104
Tel. (916) 951 89 11
Fax: (916) 444 78 35

Austrian Honorary
Consulate in San Juan
1452 Ashford Avenue

San Juan, Puerto Rico 00907
Tel. (809) 721 60 76
Fax: (809) 721 60 76

Austrian Honorary
Consulate in Seattle
4131 11th N.E. Penthouse 1
Seattle, Washington 98105
Tel. (206) 633 36 06
Fax: (206) 632 77 86

Austrian Honorary
Consulate in St. Louis
Barton Building
200 South Bemission,
Suite 103
Clayton, Missouri 63105
Tel. (314) 966 76 87

American Austrian
Foundation
345 Park Avenue
New York, N.Y. 10167
Tel. (212) 856 20 75
Fax: (212) 856 12 26

Ariadne Press
270 Gains Court
Riverside, California 92507
Tel. (714) 684 92 02
Fax: (714) 684 92 02

Center for Austrian Studies
712 Social Sciences Building
267 19th Avenue South
Minneapolis, MN 55455
Tel. (612) 624 98 11
Fax: (612) 626 22 42

Arnulf Rainer Museum
545 West 22nd Street
New York, N.Y. 10011
Tel. (212) 647 04 00

German Studies Association
Executive Secretary:
Gerald R. Kleinfeld
Arizona State University
Tempe, AZ 85287-4205

Tel. (602) 965 48 39
Fax: (602) 965 89 89

Hello Austria
Preminger Interprises
201 East 69th Street
New York, N.Y. 10021
Tel. (212) 535 60 01
Fax: (914) 666-4533

Society for Austrian and
Habsburg History
Executive Secretary:
Ronald Coons
Department of History
University of Connecticut
Storrs, Connecticut 06269
Tel. (203) 486-3718